아들러에게
인간관계를
묻다

왜 모두에게 인정받으려 하는가?

아들러에게
인간관계를
묻다

기시미 이치로 지음 | **유미진** 옮김

카시오페아
Cassiopeia

모든 고민은
인간관계에서 비롯된다

　카운슬링을 받으러 오는 사람들은 하나같이 심각한 표정으로 입을 열기 시작한다. 어떨 때는 듣는 사람까지 차마 눈물 없이는 들을 수 없는 사연도 있다. 하지만 자신과 자신이 현재 직면한 문제에 약간 거리를 두고 보지 않으면 문제 해결의 돌파구를 찾을 수 없다. 카운슬링에서 주고받는 이야기가 아무리 괴로운 내용일지라도 시종 심각한 분위기에서 카운슬링을 해야 할 이유는 없다.

　문제에 어떻게 다가가고 문제 해결을 위해 할 수 있는 일이 무엇인지 알기 위해서는 진지하면서도 깊이 생각해야 한다. 이때 진지한 것과 심각한 것은 사뭇 다르다. 미간을 찌푸리고 눈물을 짜내도 문제는 해결되지 않는다. 냉정함을 되찾고 문제의 소용돌이 속에서 자신을 살짝 떼어놓은 다음 문제를 다시 바라보면 새삼 눈에 들어오는 것이 있다.

카운슬링이나 강의를 하면서 질문에 답할 때 내가 오로지 근거로 삼는 지침은 오스트리아의 정신과 의사였던 알프레드 아들러(Alfred Adler, 1870~1937)가 창시한 '개인심리학(Individual psychology)', 일본에서는 창시자 이름을 따서 아들러 심리학이라고 부르는 심리학이다. 아들러는 지그문트 프로이트, 카를 구스타프 융과 같은 시대를 살았고 프로이트의 '빈 정신분석학회'의 핵심 멤버였으나 학설상의 대립을 이유로 프로이트와는 다른 노선을 걸었다.

아들러는 인간의 모든 고민은 대인관계에서 비롯된다고 생각했다. 아들러 심리학은 대인관계에 초점을 맞춘 단순하고도 실천적인 심리학이다. 타인과 소통이 서툴러 대인관계에 어려움을 겪는 사람에게 어떻게 하면 인간관계를 잘 맺을 수 있는지 명쾌한 길잡이를 제시한다.

이 책은 여러 사례를 통해 어떻게 생각해야 심각함에서 벗어나고 더 이상 절망하지 않으며 어떻게든 된다고 생각할 수 있는지 생각의 길잡이가 되어줄 것이다.

먼저 몇 가지 당부하고 싶은 말이 있다. 빨리 답을 얻고자 이 책을 펼쳐든 독자라도 답에 이르는 길, 해결 과정을 찬찬히 생각하기 바란다. 책에 나와 있는 대로 따라 해서 문제가 해결됐다고 해도 어째서 그렇게 좋은 결과가 나왔는지 충분이 이해하지 못하면 다른 문제가 생겼을 때 응용할 수 없다. 수학이나 물리학을 배울 때 공식의 의미를 이해하지 않고 응용문제의 해답만 외운다고 실력이 늘지 않는 것과 마찬가지다.

이 책에서는 여러 가지 문제를 제시한다. 나와는 상관없는 문제일지라도 한번 생각해봄으로써 나와 다른 입장과 상황 속에서 살아가는 삶을 이해하는 계기가 되었으면 한다. 이를테면 젊은이는 자식의 입장에서 부모를 보고 있는 셈이지만 부모가 직면해 있는 문제를 알고 나면 부모의 눈에 자식이 어떻게 보이는지 가늠할 수 있다. 물론 부모도 자식이 부모를 어떻게 보고 있는지 알 수 있고 말이다.

이 책은 카운슬링을 재현한 책이 아니다. 내담자가 문제 해결을 위해 어떻게 생각하고 이해에 도달했는지 그 과정을 좇을 수는 없다. 카운슬링을 하면서 이해하기 어려운 이야기는 설명을 요구하거나 더욱 상세한 정보를 얻어 카운슬러와 내담자가 협력하여 문제를 해결해간다. 질문에 대답하는 형태로는 문제를 해결할 수 없다.

이 책은 다양한 문제에 대한 해답 그 자체가 아니라 해답에 이르는 길과 해결 방침을 생각하고 이해하는 데 중점을 둔다. 이렇게 하면 다소 제약이 따르지만 목적한 바를 이룰 수 있다. 지금 당장 답이 나오지 않고 문제의 성격에 따라 아예 답을 찾기 어려운 경우도 있지만, 해답에 이르는 길을 생각하는 데 의미를 두겠다.

누구나 고민이 있어서 상담소의 문을 두드린다. 적어도 지금 여기에서 이야기를 할 때는 고민을 고민할 필요가 없다고 누차 강조해도 지금 여기서 말하고 있을 상황이 아니라며 문제의 절박성만 호소하기 일쑤일 때도 있다.

"집을 나오는데 아이가 엄마가 상담하는 동안에 확 죽어버리겠다고 했어요"라고 말하는 엄마가 있었다. 엄마와 상담하는 도중에 아이에게 전화가 걸려왔다.

"상담 중에는 전원을 끄세요."

"큰일 나요. 우리 애가……."

저항하던 그 엄마도 상담을 받으면서 스스로 전원을 끄게 되었다. 자식에 대한 생각이 달라진 것이다. 그에 따라 부모 자식의 관계도 바뀌게 된다. 누군가를 돕고 싶다면 먼저 자신이 냉정해져야 한다. 그래야 자신이 할 수 있는 일과 하지 못하는 일을 분간할 수 있다.

1장에서는 아들러 심리학의 기본적인 생각을 설명하면서 문제 해결의 실마리를 찾아가는 방법을 밝힌다. 2장부터는 주로 대인관계에 관한 질문을 바탕으로 구체적으로 고민을 풀어간다. 제시된 질문은 강의할 때 나온 질문을 바탕으로 구성하였다.

내가 고등학교 시절에 만난 철학 선생님은 마치 즐겁게 대화를 나누듯 수업을 해서 언제나 철학 시간이 기다려졌다. 동서고금의 사상을 다루는 내용이라 오늘은 어려울 거라고 단단히 마음의 준비를 하고 수업을 들을라치면 선생님은 내 마음을 뻔히 들여다본 듯 "내가 설명하면 쉽게 이해할 수 있으니까 괜찮아"라고 하셨다. 신기하게도 선생님이 말한 대로였다. 즐거운 시간은 왜 이리 눈 깜짝할 사이에 지나가는지 모르겠다고 수업 시간마다 생각했다. 여러분도 이 책을 즐겁게 읽는다면 저자로서 더할 나위 없이 기쁘겠다.

1장

아들러에게
인간관계를
묻다

고민해도
소용없다

고민해도 문제는 아무것도 해결되지 않는다. 이를테면 약속 시각에 늦을 것을 빤히 알고 있지만 상대방에게 연락조차 할 수 없는 상황일 때와 비슷하다. 차를 타고 가면서 '기다려줄까?', '화가 난 건 아닐까?' 하고 아무리 고민해봤자 단 1초라도 도착 시간이 빨라지는 것은 아니다. 차를 타고 가는 동안에 바깥 경치를 보며 마음을 느긋하게 가져도 괜찮다.

그런데 왜 그렇게 하지 못하는 걸까? 비록 늦었지만 그토록 고민하며 왔다는 사실을 상대방이 알아주기를 바라는 마음에서다. 늦었는데 웃으면서 가기가 멋쩍거나 상대방이 오래 기다린 경우라면 만나기 직전에 미안해하는 표정을 지으면 된다.

구태여 차 안에서까지 계속 고민해봤자 의미가 없다.

괴테는 "인간은 노력하는 한 방황한다"고 말했다. 착실하게 사는 사람일수록 고민을 피할 수 없다는 뜻이다. 인생을 살면서 고민 한 번 하지 않고 살아온 사람은 없으리라. 고민하고 괴로워하면서 자신과 인생에 관해 깊이 생각하곤 한다. 순풍에 돛 단 듯 순탄하고 자신만만하게 사는 사람은 결코 찾을 수 없는 인생의 심오함을 보는 계기가 된다. 가령 실연 같은 타인과의 관계로 좌절한 경험이 있는 사람은 타인이 자기 생각대로 되지 않는다는 것을 안다. 이런 사람이 사는 세계는 아무런 노력 없이도 원하는 것을 손쉽게 얻을 수 있는 사람이 사는 세계와 사뭇 다르다.

하지만 고민이 심각해지면 이야기가 달라진다. 고민하고 괴로워하는 일이 더 이상 성장하기 위한 밑거름이 되지 않고 옴짝달싹 못 하게 만들어 앞으로 한 발자국도 내딛지 못한다. 이럴 때 아들러라면 이렇게 말하리라. 괴로워서 앞으로 나아갈 수 없는 것이 아니라 앞으로 나아가지 않기 위해 고민하는 것이라고. 앞으로 나아가지 않겠다는 결심이 앞서 있어, 그 결심이 어쩔 수 없었다고 생각하기 위해 고민한다고 말이다.

심각한 표정으로 상담을 받으러 온 사람에게 "많이 힘들었죠?"라고 말하면 카운슬링 하는 동안 내내 훌쩍일지도 모른다.

"남편이 딴 여자랑 바람이 나서 집을 나간 후에 혼자 힘으로 애들을 키우느라……."

이 이야기에 응하면 마음속에 있던 속내를 다 털어놔서 후련하다며 집으로 돌아갈지도 모른다. 카운슬링은 이야기를 듣는 것이 기본이니 잘 들어주는 것은 두말할 나위 없이 중요하다. 하지만 그저 이야기를 듣기만 해서는 카운슬링을 하기 전이나 그 후나 내담자의 인생은 무엇 하나 바뀌지 않는다. 지금껏 고생한 이야기를 눈물을 흘리며 누군가가 들어준 데 만족해서는 자신의 괴로운 인생을 조금도 바꾸지 못할 것이다.

상담을 받으러 온 사람이 어떻게든 지금까지와 다른 인생을 살고 싶다고 하면 카운슬러는 단 한 번의 카운슬링으로도 그 사람의 인생이 지금까지와 다르게 보이도록, 지금 당장 문제가 해결되지 않더라도 그 가능성을 볼 수 있도록 도와줘야 한다.

과거의 일에서 지금 문제의 원인을 찾으려고 해서는 안 된다. 3살까지 육아가 잘못됐다든가, 3살까지 모든 것이 결정된다고 말하면 카운슬링 후에 집으로 돌아가는 부모의 마음은 어떻겠는가. 아무것도 바꿀 수 없다는 절망감에 휩싸일 뿐이다.

상담을 받으러 오는 사람은 언제부터 어떻게 문제가 시작되었는지 자잘한 내용까지 정확히 이야기하려고 한다. 예전에 정신과 개인병원에서 근무할 때는 상담하면서 의사의 지시대로 육아 방식에 관해 질문하곤 했다. 그때 부모의 이야기까지 거슬러 올라가 말하기 시작한 사람이 있었다. 세 번째 카운슬링에 들어가서야 비로소 부모 이야기가 끝나 이제 본인의 이야기가 시작되나 싶었더니 "이제까지는 어머니 이야기였고……"라고 하는 바람에 기절할 뻔한 적이 있다.

　그 후 병원을 나와 혼자서 카운슬링을 시작하면서 과거의 일은 거의 묻지 않는다. 이유는 간단하다. 과거에 무슨 일이 있었든 과거의 일을 끄집어낸다 해도 현재 직면한 문제를 해결하는 데 전혀 도움이 되지 않기 때문이다. 지금까지 아이에게 아무리 심한 행동을 했을지라도 앞으로 어떻게 할지 생각하는 것이 중요하다. 과거 이야기를 하는 사람은 은연중에 지금 문제의 책임을 과거의 일에서 찾으려 한다. 그 당시 그런 일이 있어서 지금 일이 이렇게 된 것이라는 식으로 말이다. 하지만 분명한 것은 과거로 거슬러 올라가 다시 시작할 수는 없다는 점이다.

남을 탓하며 내가 얼마나 괴로웠는지 하소연하지 말자. 카운슬러가 건네는 "많이 힘들었죠"는 내담자 자신이 옳았다는 생각을 더 굳게 한다. 탓하고 싶은 나쁜 사람은 부모일지도 또는 상사일지도 모른다. 내가 옳다고 생각하면 다른 사람과 권력 싸움을 하게 되고 이는 쓸데없는 에너지 낭비다. 원만한 대인관계를 맺기 위해서는 자신이 옳다는 생각을 걷어내야 한다. 옳다는 것을 증명할 수 있더라도 주변 사람이 모두 떠나면 의미가 없다.

자신이 처한 상황에 비관하고 괴로워하며 슬퍼한다 해도 앞으로 한 발자국도 나아갈 수 없다. 그런데 왜 고민하는 걸까? 단적으로 말하자면 결정하지 않기 위해서다. 선택할 수 있는 여러 선택지 중에 무언가를 선택하지 않으면 한 발자국도 앞으로 나아가지 못하는 일이 있다. 그런데도 결단을 늦추기 위해 고민하는 것이다. 고민하는 동안은 결정하지 않아도 되기 때문이다. 반대로 말하면 고민을 그만하면 당장 결정해야 한다는 뜻이다. 이제 권력 싸움과 고민을 멈추고 지금 무엇을 할 수 있을까에 집중하자.

　권력 싸움과 고민을 멈추고 지금 무엇을 할 수 있을까를 생
각할 때 그 생각의 방향성이 분명해야 한다. 우선 앞에서 언급
했듯이 '지금' 할 수 있는 일이 무엇인지 생각하려면 현재의 문
제를 과거와 연관 짓지 말아야 한다. 또한 지금 일어난 일이 누
구의 '과제'인가를 명확히 하여 자신의 과제가 아니면 아무것
도 하지 말고 놓아둔다.

　여기서 말하는 과제란 다음과 같은 의미다. 어떤 일의 결말
이 최종적으로 누구에게 일어났는가, 그것의 최종 책임을 누가
져야 하는가를 생각하면 그 일이 누구의 과제인지 알 수 있다.
가령 공부를 하고 안 하고는 아이의 과제다. 공부를 하지 않으

면 그 결말은 아이에게만 일어나며, 공부를 하지 않은 책임은 아이 자신이 받아들여야 한다. 따라서 부모는 아이의 과제에 원칙적으로 개입할 수 없다.

이때 주의해야 할 점이 두 가지 있다. 하나는 다른 사람의 과제에 쓸데없이 개입하면 관계를 악화시킨다는 점이다. 이를 테면 공부를 하지 않는 아이에게 "공부해!"라고 말하는 경우다. 공부를 하고 안 하고는 아이의 과제이니 아이가 공부를 하지 않더라도 부모가 할 수 있는 일은 아무것도 없다.

또 다른 하나는 자신의 과제에서만 문제 해결의 실마리를 찾아낼 수 있다는 점이다. 이를테면 집에서 두 형제가 자주 싸울 경우, 아이들의 싸움을 말리고 싶은 마음이 굴뚝같을지라도 싸움은 아이들의 과제이니 부모가 싸움을 그만두게 할 수는 없다. 또한 아이가 학교에 가지 않더라도 아이의 과제이니만큼 카운슬러와 부모가 아이를 학교에 보내려는 것은 본디 해서는 안 되는 일이다. 그렇다면 부모와 카운슬러는 무엇을 할 수 있을까?

다음과 같이 문제에 접근하면 그 실마리를 찾을 수 있다. 아이들은 굳이 '내 앞'에서 싸움으로써 내게 무언가를 호소하려는 것이라고 생각해본다. 아이들은 싸움을 지켜보는 사람으로

부터 어떤 형태로든 반응을 끌어내려 한다. 아이들이 싸움을 하는 데는 목적이 있다는 말이다.

행동의 목적을 보는 것은 아들러 심리학과 다른 심리학을 구별 짓는 큰 특징이다. 문제가 생겼을 때 그 원인을 과거의 일에서 찾지 않는다. 부모의 대응방식에 문제가 있다고 말로 지적하기는 간단하지만 부모에게 아무런 도움이 되지 못한다. 학교에 가지 않는 아이를 보며 느끼는 부모의 감정부터 살피고 지금 그 아이에게 어떻게 대응할지를 문제 삼아야 한다. 지금 눈앞에 펼쳐진 문제 때문에 절망감을 가질 필요는 없다. 어떻게든 될 것이라고, 정확히는 어떻게든 할 수 있다고 생각하는 것이 중요하다.

내가
바뀌면 된다

　변할 수 있는 것은 오로지 자신뿐이다. 근본적으로 타인을 바꾸는 일은 불가능하다. 상대를 바꿀 수는 없지만 자기 자신은 바꿀 수 있다. 사람은 항상 대인관계 속에서 살아간다. 우리의 말과 행동은 타인이라는 존재를 전제로 하며, 타인에게 영향을 주고 얼마간의 반응을 이끌어낸다.

　성격조차 대인관계를 떠나서는 생각할 수 없다. 누구 앞에서나 한결같은 사람은 없다. 가족 앞에서의 나와 학교나 직장에서의 나는 미묘하게 상황에 따라 사뭇 다를 것이다. 누구 앞에서나 한결같고 누구에게나 똑같은 방식으로 관계를 맺는다면 그 사람의 대인관계는 힘겨워질 수밖에 없다. 실제로 사람과 사람의 관계는 변하기 마련이다.

사람은 타인에게 영향을 주고 타인으로부터 영향을 받는다. 앞에서 변할 수 있는 것은 자기 자신뿐이라고 말했지만 자신이 바뀌면 많든 적든 간에 상대도 바뀌게 된다. 나중에 언급할 테지만 남을 바꾸기 위해 자기 자신을 바꾼다는 생각은 한참 잘못된 생각이다. 자신의 말과 행동을 바꾸면 상대도 바뀔 수 있다. 남을 변화시키기 위해 자신을 바꾼다는 생각은 남을 지배하려는 발상이다. 또 나만 참으면 된다는 방식도 옳지 않다. 자신이 바뀌면 비록 당장은 아니지만 결과적으로 주변 사람과의 관계도 바뀌기 시작할 것이다.

2장

항상 나를
가로막는 것은
나였다

: 자신과의 관계

나 자신을
좋아할 수가 없어요

저는 성격이 어둡고 매사 소극적이라 사람들과 좀처럼 어울리지 못합니다. 그래서인지 처음엔 친하게 지내던 친구도 금세 다 떠나버립니다. 이런 나 자신이 싫습니다.

자기 자신이 좋다고 대놓고 말할 수 있는 사람이 과연 얼마나 될까? 아마 많지 않으리라. 스스로 자신의 장점을 말하기는 부끄럽다. 아무렇지도 않게 자신의 장점을 말하는 사람을 보면 나는 죽었다 깨나도 그렇게는 못하리라는 생각이 든다.

초등학교 시절, 매 학기가 끝나면 담임선생님은 통지표에 아이들의 장단점을 적어주었다. 나는 내 단점을 잘 알고 있던 터라 통지표에 적힌 내용이 틀리다고 생각한 적은 없었다. 오히려 맞는 말이라는 생각에 낙담하곤 했다. 한편 장점은 선생님이 단점만 쓸 수가 없어서 어쩔 수 없이 억지로 생각해낸 거라고 추측했다.

부모 역시 자식의 단점과 결점은 눈에 띨 때마다 주의를 시키게 마련이다. 자신에 대한 좋지 않은 말도 마찬가지다. 처음에는 그저 외부에서 하는 소리로만 듣다가 이윽고 내면의 소리가 되어, 어른이 되어서는 자신의 장점을 들어도 그 말을 순순히 받아들이지 못하게 된다.

아들러는 성격이 유전으로 결정되는 것이 아니라 스스로 결정한다고 주장한다. 성격은 타고나는 것도 아니고 바꾸기 어려운 것도 아니라는 점을 강조하기 위해 '생활양식(라이프스타일)'이라는 용어로 설명한다. 아들러에 따르면 성격을 형성하는 가장 중요한 요인은 열등감과 우월감이다. 아들러는 사람이 행동하는 동기는 열등감에서 오고, 이 열등감을 우월감으로 추구하는 과정이 성격 형성에 많은 영향을 준다고 설명했다. 이

때 우월감의 추구는 인간에게 하나의 생활양식을 제공하는데, 이 생활양식이 성격을 형성하는 가장 중요한 요인이다. 그렇다고 해서 학교나 직업을 선택할 때처럼 스스로 자각해서 성격을 선택한 것은 아니라고 주장하는 사람도 있다.

자기 자신이 싫어서 어떻게든 변하고 싶은 사람은 지금 성격을 바꾸면 된다. 누구도 대인관계에서 벗어나 혼자서 살지 못한다. 모든 대인관계에는 상대가 있는 법이다. 아무리 남에게 상처를 입히지 않으려고 조심해도 관계가 틀어지는 경우가 있다. 남을 화나게 하거나 상대방에게 심한 말을 들어 불쾌하고 괴로울 때도 있다. 하지만 이를 애초부터 피하고 살아갈 수는 없다.

이제 고민자의 사연을 보자. 사연을 보낸 사람은 성격이 어둡고 소극적이어서 친구들이 떠나간다고 했다. 하지만 다시 생각해보면 되도록 다른 사람과 어울리고 싶지 않아서 친구가 떠나가는 것을 자신의 성격 탓으로 돌리는 것은 아닐까?

타인과 좋은 관계를 맺고 싶다면 자신을 좋아하려고 노력해야 한다. 내가 나를 좋아하지 않는데 누가 나를 좋아해 주겠는가? 자기 자신을 좋아하고 자신감을 가지면 사람들과 한데 어울릴 수 있게 된다. 그렇다고 어느 날 갑자기 지금까지와 생판 다른 성격이 되기는 어렵다. 가령 성격을 교정해서 모나지 않는 사람이 됐다고 해도 큰 틀에서 보면 스케일이 작은 사람이 된다. '뛰어난 인물'은 되지 못하는 것이다. 그렇다면 성격을 바꾸기보다는 자신의 성격에 다른 빛을 비춰보는 것은 어떨까? 어두운 성격이라면 '순해서' 그렇다고 말이다.

나도 어린 시절에 남에게 심한 말을 듣고 굉장히 속상했던 적이 있다. 인생을 살면서 아무 생각 없이 남에게 상처 주는 말을 툭툭 내뱉는 사람을 숱하게 만나왔다. 물론 나도 남에게 상처 주는 말을 한 번도 한 적이 없다고는 장담할 수 없다. 그런데 어느 날 언제나 남의 기분을 살피고 상대가 내 말을 어떻게 받아들일까에 온 신경을 집중하며 살고 있다는 생각이 문득 머리를 스쳤다.

생각건대 주위에 불쾌하게 말하는 사람만 있는 것은 아닐 것이다. 자신에 대해 전부 나쁘게 말한다고 여기는 사람은 그런 생각에 사로잡혀서 대인관계를 피하게 된다. 그런 생각에 갇혀 있으면 호의를 갖고 다가오는 사람도 그럴 리가 없다고 의심한다. '말로는 나를 멋지다고 하지만 너도 다른 사람과 똑같을 테지' 하고 말이다. 상대의 입장에서 보면 기껏 호의를 갖고 대했는데 그런 식으로 받아들이면 기분이 상할 수밖에 없다. 결국 상대는 떠나고 만다. 그러면 역시 이 사람도 별수 없었다며 제멋대로 생각하고 타인은 나를 곤경에 빠뜨리는 무서운 사람, 즉 적이라고 간주한다.

하지만 타인은 적이 아니다. 그저 자기 멋대로 주위 사람을 적으로 보는 것일 뿐이며, 이 세상을 적들이 들끓는 무서운 곳으로 간주하는 것에 불과하다. 잔인하고 무서운 사건이라도 일어나면 역시 자신이 생각한 대로라고 여긴다. 특정한 사건 때문에 타인을 적이라고 간주하는 게 아니라, 타인을 적으로 간주하기 위해 자기 생각을 뒷받침할 만한 사건을 찾는 셈이다. 이 또한 대인관계를 피하기 위해서다.

고민자는 자기 자신이 싫다고 했다. 그렇다면 언제 자신이 좋다고 생각할까? 자신이 쓸모없는 사람이 아니라 어떤 형태로든 남에게 도움이 된다고 느낄 때가 아닐까? 언제나 타인이 나의 공헌을 인정하고 감사의 마음을 갖는 것은 아니다. 다만 내가 남에게 도움이 됐다고 실감했다면 그걸로 충분하다. 눈에 보이는 형태로 도움이 되지 않았더라도 스스로 도움이 됐다고 느끼면 그런 자신을 좋아할 수 있다.

주변 사람이 자신을 곤경에 빠뜨릴지도 모르는 적이라고 생각하는 사람은 타인을 도우려 하지 않는다. 타인과 거리를 두는 사람은 자신이 타인에게 도움이 될 수 있다고 생각하지 못하기 때문에 점점 자신을 좋아할 수 없게 된다.

어떤 일이든 노력하지 않으면 잘할 수 없다. 대인관계도 예외가 아니다. 좋은 관계를 맺고자 노력하지 않으면 관계는 좋아지지 않는다. 스스로 노력하지 않고 타인이 자신을 위해 무언가 해주기만을 기다리는 것은 도움이 되지 않는다. 타인이 변하든 말든 상관없이 먼저 자신이 관계를 개선하기 위해 할 수 있는 일을 생각하고 실천해야 한다. 그러기 위해서는 노력이 필요하다. 그 노력은 관계를 개선하기 위한 노력이기에 고통이 아닌 기쁨임을 머지않아 느낄 것이다.

남과 똑같은 것이 싫습니다. 소지품이나 옷도 그렇고요. 개성을 살리고 싶다는 생각도 많이 하지만 무엇보다 특별해지고 싶습니다.

남과 똑같을 필요는 없다. 고등학교 때 친구가 없는 나를 보고 걱정하던 어머니가 담임선생님에게 상담을 청했다.

"아드님은 친구를 필요로 하지 않습니다."

선생님의 이 말을 듣고 어머니는 한시름을 놓았다. 당시 반에는 그룹이 몇 개 있었는데 나는 어디에도 속하지 않았고 혼자서 거리를 두고 친구를 사귀었다.

어느 날 전철 안에서 옆자리에 앉아 있던 청년이 말을 걸어왔다. 어른들이 사회에 적응하라고 강요하는 것이 싫다고 했다. 분명 그가 말하는 어른들도 젊은 시절에는 사회에 적응하고 남과 비슷한 인생을 사는 데 저항감을 느꼈을 테지만 어느덧 그 시절의 마음을 잊었을 것이다. 내가 대학생일 때는 장발이 유행했는데, 취직 시험을 볼 때가 되면 다들 머리를 짧게 잘랐고 과격한 생각을 하던 친구들도 점차 보수적인 성향으로 바뀌었다.

"내가 나를 위해 살지 않으면 누가 나를 위해 살아줄 것인가"라는 탈무드의 가르침이 있다. 자신의 개성을 억누르고 남에게 맞추어 사는 인생이 아니라 자신만의 인생을 살아내야 한다. 하지만 이러한 삶을 택하면 타인과의 마찰을 피할 수 없다. 자신을 이해해주기는커녕 욕하는 사람이 나타나는 것쯤은 각오해야 한다. 자신이 자유로이 살고 있다는 증거이자 자유롭게 살기 위해 지불해야 하는 대가다.

혹시라도 남과 똑같은 것이 싫다는 의미를 특별하게 남과 달라야 한다는 의미로 착각해서는 안 된다.

부모의 뜻에 반항하여 고등학교에 진학하지 않은 학생이 있었다. 중학교 시절에는 머리를 염색하고 눈썹도 밀었다. 그러던 학생이 어느 날 말했다.

"내가 그렇게라도 반항하지 않았다면 부모님과 말도 섞을 수 없었을걸요."

초등학교 시절 나는 남에게 인정받는 길은 오로지 공부밖에 없다고 철썩같이 믿었다. 다른 일은 자신이 없는지라 공부라면 남보다 잘할 수 있겠다고 생각했다.

앞서 등장한 학생에게 반항하지 않고 평범한 부모 자식 관계로도 말이 통할 수 있다는 사실을 일깨워주고 싶다. 특별히 뛰어나지 않아도 된다. 그저 평범할 수 있는 용기를 가지면 된다. 이런 용기가 없는 사람은 특별해지려고 한다. 특별히 뛰어나거나 특별히 나빠져야 한다고 생각한다. 그렇게 하지 않아도 괜찮다. 일부러 남과 달라야 한다는 생각에서 벗어날 때 비로소 삶이 절박해지지 않는다. 이는 남에게 맞추며 개성을 죽이는 일과는 별개다.

타인의 평가가
신경 쓰여요

남이 나를 어떻게 평가하고 있는지 신경 쓰입니다. 물론 높은 평가를 받으면 기분이 좋지만 그렇지 않으면 아무것도 하고 싶지 않을 정도로 우울해집니다.

그건 그 사람의 생각에 불과하다

남에게 어떤 평가를 받을지 당연히 신경 쓰일 수밖에 없다. 나도 책을 쓸 때 너무 시대를 앞서가는 내용만 다뤄서 요즘 사람들에게 인정받기 힘들다고 운운할 정도로 자신감을 가져보고 싶지만, 실은 남의 평가가 신경 쓰여 죽을 지경이다.

분명한 점은 나에 대한 남의 평가는 그 사람의 생각에 불과하다는 사실이다. 나 자신의 가치 자체와는 아무 관계가 없다. "당신은 불쾌한 사람이야"라는 말을 듣고 기분 좋을 사람은 없을 테지만, 그런 말을 들었다고 불쾌한 사람이 되는 것은 아니다. 마찬가지로 "당신은 좋은 사람이야"라는 말을 들었다고 좋은 사람이 되는 것도 아니다.

타인의 평가에 신경을 쓰면 대수롭지 않은 말에도 쉽사리 자신감을 잃는다. 대학원에 다닐 때 지도교수에게 "자네는 논문을 참 못 쓰는군" 하는 말을 들은 적이 있다. 그때까지는 줄곧 글을 잘 쓴다고 자부하고 있었는데 어이없게도 자신감이 흔들리게 되었다. 그 뒤부터 논문을 쓸 때마다 글을 못 쓴다는 교수의 말이 자꾸 생각나 무척 힘들었다. 마치 날씨가 화창한데도 비가 내릴지 모른다며 우산을 챙겨가라는 아내의 말에 남편이 이렇게나 날씨가 좋은데 비가 오겠냐고 하면서도 자꾸 하늘을 올려다보는 모습과 비슷하다.

전철 안에서 앞에 서 있는 사람에게 자리를 양보할까 말까 망설일 때가 있다. 혹시라도 자리를 양보했다가 거절당하기라도 하면 어떡하나 하는 생각에 그만 타이밍을 놓친다. 거절당하면 그때 가서 생각해도 늦지 않다. 상대가 어떻게 생각할까에 신경을 곤두세우는 사람은 지금 당장 해야 할 일을 하지 못한다.

잘해야 한다는
압박감이 심해요

일을 하거나 사람들을 만날 때 실수 없이 잘해야 한다는 생각에 압박감이 심합니다. 항상 긴장하고 다니느라 피곤하고 가끔은 긴장해서 하지 않아야 할 실수를 하기도 합니다. 이런 압박감을 극복하려면 어떻게 해야 할까요?

실패를 대비해 핑계를 만드는 것은 아닌가?

압박감이 심한 것은 대인관계의 문제다. 실패하면 어떡하나, 실패하면 사람들이 나를 어떻게 볼까 생각하며 많든 적든 남의 이목에 신경 쓰기 때문에 압박감을 느끼는 것이다.

가령 사람들 앞에서 말할 때는 절로 긴장된다. 아무도 없는 곳에서 연습할 때는 긴장하지 않아도 사람들 앞에서 말할 때는 긴장해서 횡설수설한다. 지금은 분명히 혼자 원고 읽는 연습을 하고 있지만 내일 많은 사람 앞에서 읽을 생각을 하면 나중 일인데도, 심지어 지금은 아무도 없는데도 다음 날 사람들 앞에서 원고 읽을 것을 의식해서 긴장하고 만다. 또한 시험 때 긴장해서 평소 실력을 발휘하지 못하는 사람도 있다.

어째서 긴장하는 걸까? 두 가지 이유가 있다. 하나는 실패했을 때를 대비해 예방선을 쳐두고 싶은 것이다. 긴장해서 평소 실력을 발휘하지 못했다고 핑계를 댈 수 있기 때문이다. 하지만 결코 그렇지 않다. 평소 실력을 발휘하지 않으려고 긴장하는 것이다. 평소대로 실력을 발휘할 수 없었던 것을 긴장한 탓으로 돌리는 까닭은 자신도 그다지 내세울 만한 실력이 아니라고 생각하기 때문이다. 실력을 발휘하기 아까워서가 아니라 자신에게 실력이 없다고 생각한 탓이다. 현실의 자신으로부터 출발하지 않으면 안 된다.

이는 서커스에서 줄타기 곡예사가 실패했을 때를 대비해 안전그물을 치고 또 그 아래에 그물망을 쳐두는 것과 마찬가지다. 물론 줄타기를 할 때는 안전그물을 반드시 쳐야 하지만, 시작하기 전에 미리 실패했을 때의 충격을 최소한으로 막는 것에만 신경 쓰는 것은 아닐까?

대부분 사람이 시험이나 대인관계에서 실패하는 일은 되도록 피하고 싶어 한다. 하지만 실패했다고 치명적인 것은 아니다. 시험에 떨어지면 다시 도전하면 되고, 실언을 해서 상대를 화나게 했을 때는 사과하면 된다. 사과한다고 관계가 회복될지 장담할 수 없지만 인간관계에서 이런 일은 비일비재하다.

실패할 바에야 처음부터 도전하지 않겠다는 사람도 있다. 아무것도 하지 않으면 평가를 두려워하지 않아도 되기 때문이다. "하면 잘할 텐데"라는 말을 듣는 사람은 "하면 잘할 수 있다"는 말에만 매달려 실제 해도 잘 안 될 가능성은 외면하려고 한다.

긴장하는 또 다른 이유는 타인을 '동료'로 보지 않아서다. 아들러는 타인을 필요할 때 도움을 주는 '동료'라고 생각했다. 긴장한 탓에 어눌하게 말했다고 그 사람을 바보 취급하거나 경멸하는 사람은 거의 없다. 오히려 마음속에서 성원을 보내지 않을까? 자신이 그렇다면 다른 사람도 마찬가지일 것이다. 이렇게 생각하면 압박감을 느끼고 긴장할 필요가 없다는 것을 알 수 있다.

그럼 압박감을 이겨내려면 어떻게 해야 할까? 압박감을 느끼면 안 된다는 말이 아니다. 시험을 볼 때 너무 긴장하면 평소 실력을 발휘하지 못할 수 있지만 어쩌면 얼마간의 압박감이 있어서 외려 평소 이상의 실력을 발휘할 수도 있다. 수험생에게 혼자 방에 들어가 입시문제를 풀라고 하면 대부분 어렵다며 쩔쩔매기 일쑤다. 압박감이 없는 대신에 시험 때처럼 긴박감이 없고 어떻게든 시간 내에 풀어야겠다는 정신력도 부족해서다. 그래서 어려운 문제에 압도당하고 만다. 하지만 진짜 시험에서는 긴장은 할지라도 평소보다 실력을 발휘한다.

나는 강의할 때 간호학과 학생에게는 엄격하게 한다. 간호사에게 실수는 용납할 수 없기 때문이다. 학교 시험에서는 60점을 맞으면 합격이지만 기왕이면 만점을 받기를 바란다. 시험에 나오지 않아도 강의 시간에 제대로 듣지 않아 치명적인 실수를 하지 않기를 바란다. 그러기 위해서는 항상 적당한 압박감을 가지는 것이 필요하다.

예전에 입원 생활을 오래 한 적이 있다. 링거액 병을 꽂을 때 이름을 정확하게 확인하는 사람은 언제나 베테랑 간호사였다. 일이 익숙해지면 압박감이 줄어들지만 그렇다고 실수를 해서는 곤란하다.

압박감이 오래 계속되면 스트레스가 될지도 모른다. 하지만 인간은 스트레스가 전혀 없는 곳에서는 오래 살기 어렵다. 과도한 스트레스는 살아가는 에너지를 빼앗지만, 적절한 스트레스는 비록 살기는 고달플지라도 살아가는 기쁨을 맛보게 한다.

모든 일에
의욕이 안 생겨요

무슨 일에든 결심이 서지 않고 의욕도 안 생겨서 걱정입니다. 무언가를 하려 하다가도 생각뿐, 결국에는 아무것도 못 하고 끝납니다. 이대로는 안 된다, 하는 일 없이 하루를 보내지 말자는 생각에 집에서 책 한 권이라도 읽으려고 마음먹지만 바로 자 버려요. 매일 이렇게 되풀이하고 있어요. 문득 앞날을 생각하면 불안하고 우울해집니다. 이럴 때는 어떻게 해야 좋을까요?

의욕은 기다린다고 해서 생기는 것이 아니다. 이렇게 지내면 안 된다는 사실을 아는데도 바꾸지 못 하는 사람은 정말 알고 있는 것이 아니다.

시험 전날 늦게까지 공부해야 하는데 졸려서 그만 자 버렸다. 일어나 보니 아침이다. 이때 졸음이 공부해야 한다는 결심을 뒤흔든 것이 아니다. 자도 괜찮다고 판단한 것이다. 시험이 코앞으로 다가왔으니 밤늦게까지 공부해야 한다고 진심으로 생각하지 않은 것이다.

게다가 앞일을 생각하면 불안하다고 했는데, 이 불안이라는 감정 또한 종일 하는 일 없이 지내는 것을 뒷받침하기 위해 사용된 감정이다.

의욕이 생기려면 먼저 단기적, 장기적으로 무엇을 하고 싶은지 구체적으로 생각해야 한다. 이를테면 자격시험을 봐서 직장을 옮기고자 한다면 시험 날까지 앞으로 며칠이 남았고 그동안 얼마나 공부해야 하는지 가늠한다. 그러면 하루 몇 시간을 공부에 할애해야 할지 알 수 있다. 읽어야 할 책은 집에 오자마자 바로 읽을 수 있도록 덮지 말고 펼쳐놓는다. 컴퓨터도

끄지 말고 대기 상태로 설정해서 아무 때나 바로 쓸 수 있게 해두는 것이 좋다.

내 이야기를 잠깐 하자면 종종 메일에 답장을 늦게 보낼 때가 있어서 왜 그런지 생각해보았더니, 오자와 탈자는 물론이고 제대로 된 문장을 써야 한다는 완벽주의에다가 상대방이 메일을 읽을 때 어떻게 생각할지까지 과도하게 신경을 쓰기 때문이었다. "얼른 주는 사람은 두 번 준다(qui cito dat bis dat)"는 라틴어 속담이 있다. 메일을 보내고 바로 답장을 받으면 그것만으로도 상대는 기쁠 것이다. 다소 어색한 문장이 있더라도 업무 관계 메일이 아니라면 큰 문제가 되지 않는다.

고민자는 질문에서처럼 정말 매일 하는 일 없이 지내고 있지는 않을 것이다. 이렇게 지내면 안 된다고 생각하면서 아무 일도 하지 않는 것은 실은 제대로 뭔가를 하고 있는 것이다. 만일 진짜 하는 일 없이 지내고 있다면 이렇게 지내면 안 된다는 생각조차 하지 않는다.

아무것도 하지 않는다면 정말로 아무것도 하지 말고 지금 이 시간을 흘려보내지 마라. 그렇게 하지 못하므로 약속 시각에 늦어지면 차 안에서 종종거리게 된다.

3장

왜
다른 사람은
내 맘 같지
않을까

: 친구 관계

항상 같이 붙어 다니는 단짝 친구가 없습니다. 등굣길이나 하굣길에 늘 혼자 다니지만 아무렇지도 않아요. 그런데 요즘 들어 남들이 내 이야기를 하는 건 아닐까 몹시 신경이 쓰여 마음이 불편합니다.

남이 당신 이야기를 한다는 것은 억측일지도 모른다. 횡단보도를 건널 때 신호를 기다리는 운전자가 자신의 얼굴을 빤히 쳐다보는 것 같아 창피하다고 말하는 사람이 있다. 차 안에 탄 운전자가 무심결에 횡단보도를 건너는 사람을 쳐다볼지도 모르지만, 그 사람에게 관심이 있어서가 아니라 그저 마침 차 앞을 지나가는 사람이기 때문이다. 신호가 파란색이 되어 출발하면 조금 전에 본 사람의 얼굴을 두 번 다시 떠올릴 일은 없다.

나에 관해 나쁜 이야기를 한다면 달갑지 않지만 아무에게 주목받지 못해도 그것은 그것대로 싫지 않을까? 아무도 자신을 신경 쓰지 않으면 무시당하는 느낌이 들 것이다. 자신을 나쁘게 말하는 사람이 전혀 없다고는 할 수 없지만 일단 다음의 두 가지 가능성을 생각해봄 직하다.

하나는 남은 내가 생각하는 것만큼 나를 생각하지 않는다는 점이다. 우리는 우리가 사는 이 세계에 속해 있고 그 일부이기도 하다. 아들러는 이것을 "전체 중 일부"라는 말로 표현한다. 하지만 사람은 세상의 일부일지라도 그 중심에 있는 것은 아니다. 갓 태어났을 때는 부모의 보살핌을 받으며 울기라도 하면 한밤중에 자다가도 부모가 일어나지만 언제까지나 그렇게 세상의 중심에 있을 수 없다. 즉 어른이 된다는 말이다.

또 하나의 가능성은 다른 사람이 당신을 좋게 말할 때도 있다는 것이다. 그런데 내 이야기를 하는 것 같아 신경이 쓰여 마음이 불편하다면 마음이 불편하다고 느끼기 위해 그런 식으로 확신하고 있는지도 모른다. 그렇게 확신하면 대인관계를 피하는 이유로 삼을 수 있으니까 말이다.

자신에 관해 말하는 것 같아 신경이 쓰이는 사람은 어쩌면 타인과의 유대관계를 원하는 것인지도 모른다. 타인과 유대관계를 원하지 않는다면 타인이 자신을 어떻게 생각하는지 굳이 신경 쓸 필요는 없을 테니까 말이다.

겁내지 말고 친구들과 같이 어울리되 남들이 무엇을 말하든 신경 쓰지 마라.

친구에게
항상 휘둘립니다

친구 중에 감정 기복이 심한 사람이 있습니다. 신나게 웃고 떠들다가도 언제 그랬냐는 듯이 침울해서 어떻게 대해야 할지를 모르겠어요. 항상 친구의 감정에 휘둘리는 것 같아 힘이 드네요. 어떻게 대응해야 할까요?

할 수 있는 일은 하지만, 할 수 없는 일은 하지 못한다

화를 잘 내는 사람은 화를 무기 삼아 자기 생각대로 남을 조종하려 한다. 화내는 사람이 억지를 부리면 주변 사람들은 무서워서 그대로 따르는 경우가 있다. 마찬가지로 우는 사람은 눈물을 무기로 주변 사람을 조종한다.

감정 기복이 심한 사람은 자기가 기분이 아주 좋을 때는 가까이에 있는 사람도 덩달아 기분이 좋아지게 하지만 쉽게 지친다. 문제는 기분이 가라앉을 때다. 침울해 하는 사람이 곁에 있으면 주변에서 가만히 보고만 있을 수 없게 된다.

만일 자식이 불안하고 우울해서 밖에 나가지 못하겠다고 하면 부모는 일을 접고 집에 와서 낮에 같이 있어 줄 수밖에 없다. 밤에도 곁에 있어 달라고 하면 함께 있어 줘야 한다. 하지만 불안해서 바깥에 나가지 못한다는 말은 사실이 아니다. 바깥에 나가지 않으려고 불안이라는 감정을 만들어낸 것이다.

친구로부터 지금 몹시 우울하다는 전화를 받은 이가 있었다. 친구의 기운 없는 목소리가 걱정되어 미칠 지경이었다. 한밤중이지만 그 친구가 있는 곳으로 차를 몰고 갔다. 놀랍게도 다른 친구들이 5명이나 그를 걱정하는 마음에 한달음에 달려와 있었다.

어째서 그가 이 사람 저 사람에게 전화를 걸어댔는지는 나중에 생각하기로 하고 질문에 있는 어떻게 '대응'할지를 먼저 생각해보자.

누구든 남에게 도움을 받고 싶을 때가 있다. 아무에게도 도움을 받지 않고 혼자서 살아갈 수는 없다. 자신이 해야 할 일이고 스스로 충분히 할 수 있는 일인데도 다른 사람에게 도움을 청하는 것은 문제지만, 무슨 일이든 전부 자력으로 해결하려는 것도 문제다. 못 하는 것을 못 한다고 분명히 말하는 것도 자립에 포함된다. 실제로 하지 못하는 일인데 할 수 있다고 하면 자칫 주변 사람에게 민폐를 끼칠 수도 있다.

이렇게 생각해보자. 자신이 할 수 있는 일은 되도록 스스로 한다. 혹시라도 다른 사람이 도움을 청하면 선뜻 도움의 손길을 내밀어 주자. 다만 다음과 같은 경우는 주의해야 한다.

우선 도저히 스스로 할 수 없는 일을 혼자 힘으로 하겠다고 생각하지 말자. 병원에 근무할 당시 처방전을 입력하는 컴퓨터가 고장이 나면 나는 언제나 매뉴얼을 꺼내 복구하려고 안간힘을 썼다. 하지만 원장은 시간 낭비라면서 프로그램을 개발한 의사에게 재빨리 전화해서 문제를 해결했다.

나이 들어 대소변을 가리지 못하게 되었을 때 가족에게 도움을 청하는 것은 부끄러운 일이 아니다. 도움을 청해야 마땅하다. 도움을 청할 때는 표정으로 호소하거나 화내지 말고 말로 해야 한다. 그때 주변 사람은 표정이나 감정에 반응하면 안 된다. 도와줄 일이 있으면 부탁하라고 평소에 말해두면 더 좋다. 도움이 필요한 사람의 표정이나 감정에 반응하면 그 사람은 말로 부탁하지 않아도 주변 사람이 알아서 해준다는 사실을 학습하게 된다. 혹시라도 표정을 살피지 못해 도와주지 못하면 자기 마음을 몰라주었다고 화를 낼 수도 있다.

정신과에 근무할 때 일요일은 휴진이라서 월요일 아침이 되면 자동응답기 전화에 환자로부터 걸려온 메시지가 많이 녹음되어 있었다. 개중에는 촌각을 다투는 긴급한 내용도 있었다. 이럴 때는 어떻게 대응해야 좋을지 원장에게 물었다. 개인 병원이라 대응할 수 없는 일도 있고 정말 긴급한 상황이라면 정신과 구급 외래진료센터에 전화했을 거라는 대답을 들었다. 그런 식으로 생각하다니 놀라울 따름이었다.

개인 차원에서 도와달라는 부탁을 받았을 때 가능한 한 돕고 싶어도 할 수 있는 일과 하지 못하는 일이 있다. 설령 도움을 주지 못했다고 해서 자신을 탓할 필요는 없다. 언제든지 도움을 받을 수 있다고 생각하면 그 사람은 의존적이 되기 쉽다.

하지만 무엇이든지 자력으로 해야 한다는 생각에는 동의할 수 없다. 때로는 충분히 스스로 할 수 있는 일이라도 주변 사람이 도움을 줘도 괜찮은 상황이 있다. 재기하는 데 어려움을 겪는 사람에게 손을 내민다고 자립심을 해치지는 않는다. 도움을 받은 사람도 내민 손을 잡고 일어섰다고 의존적이 되거나 스스로 아무것도 못 하게 되는 것은 아니다.

다시 질문으로 돌아와서, 감정 기복이 심한 사람에게는 과잉 반응을 하지 말아야 한다. 그냥 말로 부탁해도 웬만한 일은 주변에서 도와준다는 것을 학습하면 감정 기복이 점차 줄어들 것이다.

다른 사람이 도통 무슨 생각을
하는지 모르겠어요

사람을 사귈 때 상대가 도통 무슨 생각을 하는지 몰라 어떤 식
으로 대응해야 할지 모르겠습니다. 어떻게 하면 상대방의 마
음을 읽을 수 있을까요?

남의 마음을 읽지 못하는 것은 당연하다

　다른 사람의 마음을 읽을 수 있으면 좋겠지만 여간해선 쉽
지 않다. 나라면 어떻게 생각할까를 그려보면서 타인의 기분을
추측할 수 있어도, 기준이 되는 자신의 견해가 상대방과 똑같

을 수는 없으므로 타인이 무엇을 생각하는지 알아맞히기 힘들다. 나에게 당연한 일이 상대방에게도 그러리란 보장은 어디에도 없다.

이를 뒷받침하는 간단한 게임이 있다. 짧은 문장을 하나 말해서 그것이 의미하는 바를 맞추는 게임이다.

"어제 나는 가스레인지를 청소했습니다."

이 말을 한 사람은 학생이다. 힌트는 시험이 시작되기 전날의 일이라는 것.

"오랜만에 청소해서 기분이 좋았나요?"

"아니요."

"가족에게 칭찬받고 싶었나요?"

"말도 안 돼……."

전혀 맞추지 못했다. 마지막에 그 학생이 답을 말했다.

"시험 전날인데도 이만한 일을 했으니 당분간(시험이니까) 나에게 집안일을 시키지 말라는 거예요."

남의 기분을 읽을 수 있다고 멋대로 생각해서는 곤란하다. 나는 "카운슬러라면 내 기분을 읽을 수 있겠죠?"라는 말을 곧잘 들곤 해서 난처할 때가 많다. 터무니없이 엉뚱한 말을 하다가 "그래서 카운슬링 잘도 하시겠네요"라며 빈축을 살 때도 있다. 그러면 지금은 사적인 시간이니까 남의 마음을 읽는 스위치는 꺼두었다고 말한다. 남의 마음을 읽는 것은 실례되는 행위다. 카운슬링에서라면 내담자가 "내 마음을 읽어주세요"라고 말하고 카운슬러가 "네 읽겠습니다" 하고 대답해도 문제가 없지만, 생판 모르는 사람에게 마음을 들키고 싶은 사람은 아마 없으리라.

타인은 나와 다른 생각과 느낌을 갖고 있다고 이해하는 사람과 대인관계를 맺을 때는 아무런 마찰이 일어나지 않는다. 하지만 상대도 자신이 생각하고 느끼는 것과 똑같이 생각하고 느낀다고 맹신하는 사람과는 관계가 꼬이게 마련이다. 타인이 잘못 판단하는 것은 어쩔 수 없더라도 적어도 자신은 타인을 잘못 판단하지 않도록 주의해야 한다.

남의 마음을 알 수 있다면 얼마나 좋을까? 그럼 부주의한 말로 화를 돋우거나 불쾌하게 만드는 일은 없을 텐데 말이다. 하지만 남의 생각과 느낌은 쉽사리 읽을 수 있는 것도 아니고, 알아내려다 괜히 대인관계를 그르칠 수도 있다. 남의 기분을 읽으라고 권하고 싶은 생각은 없다.

"너는 정말 나를 싫어하는 것 같아"라고 할 때도 남의 기분을 읽고 하는 말이지만 이런 표현은 자칫 공격적으로 들릴 수 있다.

타인의 마음을 알 수 있는 가장 쉬운 방법은 상대의 마음을 읽는 것이 아니라 묻는 것이다. 물론 상대방도 자기 자신의 마음을 모르고 있을지도 모르지만, 나라면 이럴 것이라며 상대방의 마음을 멋대로 읽는 것보다는 안전하다.

타인의 마음을 읽다 보면 다른 사람에게도 똑같은 것을 요구하는 경우가 생긴다. 다시 말해 내가 상대의 마음을 읽는 것처럼 상대도 내 마음을 읽어주길 바라며 자신이 무엇을 생각하고 어떻게 느끼는지 알아주길 원한다.

내가 남의 마음을 읽는 것이 어렵듯이 다른 사람이 내 마음을 읽기도 쉽지 않다. 표정으로 내 마음을 알아주길 바라지만 그럴지는 장담할 수 없다. 내 마음을 몰라주면 불만스러울 때가 있을지라도.

다른 사람의 마음을 멋대로 읽으려 하지 말고 그 사람이 말하는 것만을 근거로 판단하는 것이 좋다. 또한 나에 관해서도 내가 무엇을 생각하고 느끼고 있는지 말로 설명하도록 하자.

나눔이
미웃는 것 같아요

어릴 때부터 말을 더듬어 사람들에게 무시당하고 놀림을 받았습니다. 그래서인지 무슨 일을 하든 뒤로 숨게 되고 적극적이되지 않습니다. 이런 저의 성격이 정말 마음에 들지 않아요. 어떻게 하면 좋을까요?

이해받고 싶으면 이해할 수 있도록 노력해야 한다

　말을 더듬는다고 모든 사람에게 언제나 놀림을 받았을 리는 없다. 자신을 인정해준 사람도 분명히 있었을 텐데 좋은 기억은 별로 남지 않는다. 개중에는 마음에도 없는 말로 상처를 준 사람도 있겠지만 그런 몇몇 사람 때문에 주변 사람을 모두 적으로 생각하지 말기 바란다. 내담자에게 "자신을 좋아하나요?" 하고 물으면 열이면 열 모두 "싫다"고 대답한다. 하기야 자신을 좋아하는 사람이 상담을 받으러 올 리가 없겠지만 말이다.

말을 더듬어서 무슨 일에든 적극적으로 나서지 못한다는 생각은 잘못된 것일지도 모른다. 외려 적극적이 되지 않으려는 마음이 먼저인 것은 아닌가? 말을 더듬는 사람이 모두 어떤 일에도 적극적으로 나서지 못하는 것은 아니다. 적극적으로 사는 사람도 많다.

아들러는 일, 교우, 연애를 인생의 과제로 삼았다. 사람은 이 세 가지 과제를 피할 수 없다. 과제에 정면으로 맞서지 못하는 사람이 이런 자신을 이해하고 다른 사람도 이해하도록 이유를 대기 위해 말을 더듬는다거나 성격이 어둡다는 말을 꺼내는 것이다.

타인과 관계를 맺을지 말지 결심하는 것이 먼저다. 자기 자신이 싫어서 적극적이 되지 못하는 것과 자신을 좋아해서 적극적이 될 수 있는 것은 엄밀히 다르다. 물론 자신을 좋아하면 타인과 관계 맺으려는 결심을 한결 쉽게 할 수 있다.

그렇다면 어떨 때 자신이 좋다고 생각할까? 앞에서도 언급했지만 자신이 쓸모없는 사람이 아니라 어떤 형태로든 도움이 된다고 느낄 때다.

문제는 남에게 심한 말을 들었거나 상처를 받은 경험이 있는 사람이 주변 사람을 적으로 생각하면 적에게 도움을 주겠느냐는 점이다. 하지만 주변 사람 모두가 말을 더듬는 자신을 비웃거나 바보 취급을 한다고 생각하는 것은 잘못이다.

물론 놀라는 사람이 있을지도 모르겠다. 하지만 바로 상황을 이해한 사람이라면 기다릴 것이다. 설령 기다리지 못하고 심한 말을 내뱉는 사람이 있을지라도 모두가 그런 태도를 보이지는 않는다. 그러니 지금까지 호의적으로 대해준 사람들을 떠올려보라.

지금까지 얼마나 힘들게 고통을 받고 살아왔는지 몰라서 하는 말이라고 서운해할지도 모른다. 그렇다면 대체 무엇을 알아주길 바라는 것일까? 얼마나 힘들고 괴로운 인생을 살았는지 이해해주지 않는 타인의 몰이해를 탓하며 그들을 적으로 돌린다고 해도 얻을 수 있는 것은 별로 없다.

만일 주변 사람이 말을 더듬는 것을 제대로 이해해주지 않으면 이해할 수 있도록 부단히 노력해야 한다. 나는 관상동맥 바이패스 수술을 받은 적이 있다. 수술 후 출퇴근길에 만원 전철 안에서 몇 번이나 앉고 싶었지만 자리를 내주는 사람이 없었다. 어느 날 심장박동조율기를 착용한 남자와 그 부인이 함께 전철을 탔다. 부인은 남편을 대신해 "심장박동조율기를 착용하고 있습니다. 휴대폰 전원을 꺼주십시오!"라고 큰 소리로 외쳤다. 근처에 있던 사람들이 모두 전원을 껐다.

이 정도는 해야 다른 사람이 당신의 상황을 알아준다. 이 정도의 노력도 하지 않고 타인의 몰이해를 탓한들 상황은 아무것도 변하지 않는다. 상처를 받았다고 해도 다른 사람은 그저 말을 더듬는 것을 제대로 이해하지 못해서 그런 것뿐이다. 그런데도 상처받았다고 주변 사람을 탓하며 타인과 거리를 벌리고 관계를 맺지 않으려는 것은 자신이 타인과 관계를 맺고 싶지 않은 것이다.

지금 이 순간의 인생을 흘러보내지 않으려면

초등학교 1학년 때 가고시마에서 교토로 전학을 온 아이가 있었다. 당시는 지금처럼 TV가 보급되지 않은 시절이라 그 아이가 하는 말을 거의 알아듣지 못했다. 키득거리는 아이는 없었지만 설령 웃는 아이가 있다 해도 들어보지 못한 사투리를 처음 접해서 신기했기 때문이지 나쁜 뜻이 있어서는 아니었다. 같은 반 친구들의 반응 때문에 상처를 입을지 말지는 반 아이들 속으로 들어갈지 말지 하는 결심에 달려 있다.

말을 더듬는 버릇이 사라지면 모든 일이 술술 풀릴 거라고 생각하는 해묵은 상념에서 벗어나야 한다. 버릇을 고쳐야 비로소 진짜 인생이 시작된다면 지금 이 순간의 인생을 흘려보내게 되기 때문이다.

타인은 자신이 생각하는 만큼 말을 더듬는 데 신경 쓰지 않는다는 사실을 알기 바란다. 전혀 눈치채지 못해서도 아니고 굳이 듣고도 못 들은 척 눈감아주는 것도 아니다. 그런데도 말할 때마다 남들이 어떻게 생각할지를 신경 쓰면 상대방에게 그 긴장감이 고스란히 전해진다. 이 때문에 표정에 약간만 변화가 생겨도 자신을 적대시한다고 간주해버린다.

말을 더듬는 버릇을 고치는 노력과 더불어 자신에게 집중했던 관심을 남에게 돌리라고 제안하고 싶다. 그래야 인생을 바꾸는 돌파구가 된다.

이쯤 해서 구체적으로 어떻게 할지를 생각해보자. 아이를 어린이집에 맡기면서 말을 더듬는 버릇을 고치려 한 사람이 있었다. 앞으로 어린이집에 전화를 걸 일이 있을 텐데 전화를 걸려고 하면 정작 말이 나오지 않아 어떻게든 고쳐야겠다고 마음먹었다. 자신만이 아니라 아이를 생각한 것이다.

내 어머니는 젊었을 때 가슴막염에 걸렸다. 가슴과 배에 동통을 일으키는 병이다. 식사를 하지 못해 할머니가 해준 밥을 몰래 버릴 정도였다. 한참 병을 앓는 중에 임신한 사실을 알게 되었다. 귀에 못이 박이도록 들은 어머니의 설명인즉슨 병이니 뭐니 할 상황이 아니었다고 한다. 어머니는 언제 그랬냐는 듯 다시 건강해졌다. 어머니가 자신이 아닌 태어날 아이에게 온 신경을 쓴 것이 치료에 좋은 영향을 미친 것이다. 의사는 출산을 단념하라고 권했지만 어머니는 아이를 낳을 결심을 했다. 어머니의 결심 덕분에 나는 이 세상에 태어날 수 있었다.

사실 사람은 누구나 살아 있음으로 남에게 도움을 주고 있다. 나중에 부모 자식의 관계에 대해서 살펴보겠지만 부모는 자식이 살아 있는 모습이 곧 기쁨이다. 평소에는 자신이 살아 있는 것만으로도 다른 사람에게 도움이 된다고 생각하기 어렵지만, 병에 걸리거나 나이를 먹으면서 몸을 가누는 것조차 힘들어질 때면 꼭 상기해야 한다. 본인이 미처 생각하지 못하면 주변에 있는 사람이 생각해내서 도움을 줘야 한다.

특별하지 않아도 충분히 괜찮다

무언가 특별한 일을 하지 못하더라도 사람은 누구나 다른 사람에게 도움이 된다. 더욱이 다른 사람이 좋아할 만한 일을 하려는 것은 자신에게만 향했던 관심을 다른 사람에게 돌렸기 때문이다. 무엇을 할지는 사람마다 다르지만 남에게 부탁받으면 마지못해서가 아니라 흔쾌히 받아들이는 것은 어떤가? 저녁 식사 후에 다른 가족이 소파에 편히 앉아 TV를 볼 때 콧노래를 흥얼거리며 설거지를 하는 식이다. 이때 어떤 느낌이 드는지 말로 전하기는 어렵다. 마치 쨍쨍 내리쬐는 한여름에 서늘한 바람이 불어온다고 상상하는 것과 같다. 삶에 작은 활기를 주는 시원한 바람이 불어온다.

자기 자신이 어떤 형태로든 남에게 도움이 된다고 느낄 때 그런 자신을 좋아하게 된다. 또한 자신이 좋아지면 다른 사람과 활발하게 관계를 맺을 수 있다. 그때는 다른 사람과 관계를

맺지 않으려고 이유를 대던 말을 더듬는 버릇이나 단점 따위
는 전혀 안중에도 없게 된다.

4장

왜
우리 회사에는
이상한 사람이
많을까

: 직장 내 관계

상사가 감정적인 사람이라서 그날의 기분에 따라 부하 직원을
마구 야단칩니다. 기분이 좋을 때는 괜찮고요. 그날 기분에 따
라 태도가 변하기 때문에 비위를 거스르지 않으려고 조심, 또
조심하며 눈치를 봐요. 오늘은 상사의 기분이 어떨까 아침부
터 심장이 두근거려 절로 눈이 떠져요.

'무엇을' 말하고 있는지가 중요하다

상사나 같이 일하고 있는 동료가 기분에 따라 감정적이 되

면 상대하기 힘들다. 롤러코스터를 탄 듯 기분이 좋다가도 금방 나빠지곤 한다. 아마 기분이 나쁜 날은 분명히 집에서 안 좋은 일이 있었으리라.

일 자체는 보람이 있더라도 이런 상사나 동료와 한 직장에서 일하는 것은 고통이다. 감정 조절을 못 하는 사람은 정신적으로 미숙한 사람이다. 조용하게 있으면 누구에게도 인정받지 못한다고 생각하거나 자신의 무능함을 감추기 위해 공격적으로 과잉 자기방어를 하는 것이다.

감정적으로 야단을 치는 사람은 타인과 관계 맺는 방법을 잘 모르는 사람이다. 어느 대인관계에서나 마찬가지다. 자신의 요구 사항이나 희망 사항을 타인이 언제나 들어주지는 않는다. 그럴 때 불같이 화를 내서 주위 사람을 벌벌 떨게 하는 사람이 있다. 어릴 때부터 항상 그렇게 자기 생각을 관철하던 습관이 배어 나온 탓이다. 또한 그럼으로써 남보다 우위에 서려고 한다. 직책의 차이는 인간으로서 상하를 의미하는 것이 아니다. 상사가 되면 책임이 느는 것은 사실이나 승진했다고 대단한 사람이 되는 것은 아니다.

감정적인 상사를 대할 때는 상사가 터무니없이 화를 내더라도 감정에 주목하지 말고 '무엇을' 말하고 있는가에만 주목하자. 사실 이것은 간단하지 않다. 목소리 상태처럼 본래 커뮤니케이션의 본질과는 달리 대인관계에서 중요한 의미를 가지는 것이 분명히 있기 때문이다. 친한 사람끼리 가까운 사람과 나누는 대화에서는 내용 자체보다도 이야기할 때의 분위기, 그때 소통하는 감정이 훨씬 중요하다. 하지만 직장에서는 업무수행이 가장 중요하므로 대화 내용 자체에만 집중해야 한다. 직장에서는 '무엇을' 말하고 있는가가 중요하지 '누가' 말하고 있는가는 별로 중요하지 않다.

상사와의 관계는 업무적인 대인관계로 받아들여야 한다. 상대가 상사라 하더라도 감정을 개입해 업무 수행에 지장을 초래한다면 분명히 지적하고 개선을 요구해야 마땅하다. 직장에서 감정적인 사람 때문에 고통을 느낄 필요는 없다. 일단 자신이 느끼는 고통은 잠시 옆에 두고 업무만을 문제시한다. 업무에 관한 지적이 정당하다면 순순히 받아들이고, 만약 정당하지 않고 착오가 있으면 반론해도 괜찮다.

감정적이라서 업무 수행에 방해가 된다고 지적을 할라치면 그것을 몹시 불쾌하게 생각하는 상사나 동료가 있다. 업무에 관한 지적인데 이것을 인격 모독으로 간주한다. 이런 경우에는 상사의 기분을 상하게 하여 미움을 살 수도 있다. 제대로 된 상사라면 부하 직원이 지적하더라도 그 지적이 정당하면 이성적으로 생각해서 받아들일 것이다. 물론 부하직원이 실수를 하기도 한다. 당연히 상사가 주의를 시킬 테지만 그것은 어디까지나 업무에 관한 주의일 뿐 인격을 비난하는 것은 아니다. 다만 충분히 이해하고 들어도 이치에 맞지 않는 지적이라면 반박해도 상관없다.

상사의 변덕스러운 감정에 주목하지 말고 평범하게 대해보라. 언젠가는 그 상사 앞에서 애쓰지 않고 평소대로 행동해도 아무렇지 않게 될 수 있다. 하지만 이것은 어디까지나 결과일 뿐이지 상대가 변화하기를 기대하기는 어렵다.

상사가 권위를 휘두르며 감정으로 부하 직원을 지배하려고 해도 궁극적으로 상사를 바꿀 수는 없다. 홍수가 나도 비와 맞붙어 싸울 수 없는 것처럼 말이다. 나갈 일이 있으면 우산을 쓰고, 걷기 어려울 만큼 비가 내릴 때는 차를 타고, 폭우가 쏟아지면 외출을 단념하고 집 안에 가만히 있으면 된다. 비가 올 때 우산을 챙겨 쓰듯 상사가 말하는 내용에만 주목해서 상대하면 된다.

○

못돼먹은 동료 때문에
매일 울며 지내요

○

새로 옮긴 근무처에서 동년배인 동료가 심술궂게 자잘한 것들을 지적해서 매일 울며 지냅니다. 개중에는 힘내라고 말해주는 사람도 있고 상사도 착하지만 이대로 계속 참으면서 일할 수 있을까요? 지금 하는 일은 좋아서 그만두고 싶지 않습니다. 어떻게 해야 할까요?

모두와 좋은 관계를 맺을 수는 없다

직장에서는 상사와의 대인관계만 있는 것은 아니다. 이 질

문처럼 동료와의 관계도 있다. 어떤 직장이라도 모두와 좋은 관계를 맺을 수는 없다. 관계가 원만하지 못한 한두 사람을 의식한 탓에 기껏 다른 사람과 쌓은 좋은 관계를 망치는 것은 안타까운 일이다. 잘못이 이쪽에 없다면 더더구나 격려해주는 사람, 친절한 상사와의 관계를 망칠 필요가 없다.

무언가 해결해야 할 과제가 앞에 있을 때 과제만을 문제로 삼고 그 상황에서 일어나는 대인관계의 마찰에는 일체 신경 쓰지 않는 사람이 있다. 반대로 과제 그 자체에는 관심이 없고 과제를 둘러싼 대인관계에만 관심을 두는 사람도 있다.

후자는 과제 해결의 절차에 집착하는 사람이다. 그 절차에는 자신이 무조건 포함되어야 한다. 자신이 모르는 사이에 일이 진행되고 사후에 승낙하는 상황을 못마땅하게 여긴다. 다시 말해 과제 그 자체에는 별 관심이 없고 제대로 절차를 밟기만 하면 되는 것이다. 부모 자식 관계에서라면 자식이 결혼한다고 할 때 자식의 결혼 상대에는 별 관심이 없다. 이런 부모는 자신이 허락한 다음 일을 진행하는 것을 중요시한다. 무슨 일이든 자기가 주도권을 쥐고 있어야 만족한다.

직장에서나 부모 자식 사이에서나 원만하게 관계를 맺지 못하는 사람은 특히나 절차에 많이 집착한다. 사귀는 사람과 결혼하겠다고 부모에게 말할 때 아무에게도 아직 말한 적이 없는데 아버지가 반대하면 이 결혼을 없던 일로 하겠다고 해 보라. 절차에 집착하는 아버지라면 흔쾌히 허락할지도 모른다. 하지만 누구와 결혼할지는 자신이 결정할 문제다. 먼저 부모의 허락을 받고 결혼을 추진한다는 생각에는 동의할 수 없다.

'누가' 말하는가가 아니라 '무엇을' 말하고 있는가만 문제로 삼으면 된다. 부모든 상사든 동료든 누구나 잘못할 때가 있다. 그때는 잘못을 지적해야 한다. 잘못한 사람이 감정을 앞세우는 상사라고 해서 반론을 했다가 돌아올 반응에 신경 쓰다 보면 판단을 그르칠 수 있다. 노여움을 살지라도 바른 소리를 내는 용기가 필요하다. 자칫 상사의 기분을 상하게 할까 겁내거나 많은 사람과 맞서는 것을 두려워하고 잘못된 것을 잘못됐다고 말하지 못하면 결국 힘들어지는 것은 자신이며 자신이 속한 공동체이고 이 세계라는 사실을 알아야 한다. 아울러 좋아하는 일을 그만둘 이유도 없어진다.

지금 하는 일을 그만두고 싶은데 좀체 결단을 못 내리겠습니다. 직장에서 인간관계는 문제가 없어요. 상사는 이해심 있는 사람이고, 동료와 부딪치는 일이 전혀 없다고는 할 수 없지만 업무도 웬만큼 적응한 상태입니다. 하지만 평생 지금 일을 계속한다고 생각하면 정말 이대로 괜찮을지 고민됩니다.

아직 목적지에 다다르지 않았다면 얼마든지 진로를 변경할

수 있다. 세상 물정을 잘 모르는 나이에 진로를 결정해서 훗날 이 일은 내가 원하던 일이 아니었다고 후회하는 사람이 허다하다.

나는 오랫동안 간호학과 학생을 가르쳐왔다. 중학교를 졸업하고 5년제 간호학과에 들어온 학생들에게는 특유의 고민이 있다. 과연 15살이라는 나이가 장래에 간호사가 되겠다는 명확한 의사 결정을 내릴 수 있는 나이일까? 꼭 그렇다고 말하기는 어렵다. 물론 부모가 간호사라서 하는 일에 대해 잘 알고 있고 어릴 때 자신이나 가족이 병에 걸린 적이 있어 자연스레 간호사라는 직업에 관심이 생긴 학생이라면 그 나이라도 제대로 장래를 내다볼 수 있다.

그런데 조금만 더 노력하면 훗날 이 길을 선택하길 잘했다고 생각할 날이 올 거라는 주변의 말에 흔들려 진로를 고민하다가 이내 체념해버리면 나중에 이 일은 내가 바라던 일이 아니라고 후회해도 그때는 이미 방향을 전환하기가 쉽지 않다. 시간도 돈도 다 날려서 다른 일을 새로 시작하기에는 너무나 많은 위험을 감수해야 한다.

그래도 자신의 인생이므로 원하지 않는 일을 하며 인생을 보낸다면 의미가 없다. 우리는 타인의 기대를 충족시키기 위해 사는 것이 아니다. 내가 내 인생을 살아내려면 스스로 책임지고 떠맡을 수 있어야 한다. 누가 내 인생을 살아주겠는가?

그런데 고민을 위해 고민하는 사람이 있다. 고민하는 동안에는 결정하지 않아도 되기 때문에 고민하면서 도무지 결단을 내리지 못한다. 반대로 말하면 고민을 그만해야 결단을 내릴 수 있다는 말이다. 질질 끌며 결단을 못 내리는 사람은 언제까지나 고민을 계속 끌어안고 살아갈 것이다.

지금 하는 일을 그만둘까 말까, 그만둔다면 다음에 어떤 일을 할까 고민된다면 무슨 일을 하든 다른 사람에게 도움이 되는 일인가를 가장 중요한 조건으로 삼아라.

중학교 때 한 선생님이 월급은 많지만 좋아하지 않는 일을 할 것인가, 아니면 월급은 적더라도 좋아하는 일을 할 것인가 둘 중 하나를 선택하라고 하면 주저하지 말고 후자를 택하라고 했다. 이 말은 오랫동안 내 마음속에 남아 있다. 아무리 좋아하는 일이라도 월급이 적으면 생활하기가 힘들 테지만 설령 월급이 많더라도 하는 일이 마음에 들지 않으면 매일 괴로울 것이 뻔하다.

그 후 나는 월급이 적어 넉넉한 생활은 못 하지만 일을 좋아한다는 말의 의미를 알 수 있을 것 같다. 아무짝에도 쓸모없는 사람이 아니라 어떤 형태로든 남에게 도움이 되고 있다고 느낄 때 자기 자신이 좋아지는 것처럼, 자기 일이 단순히 자기만족이 아니라 누군가에게 도움이 된다면 그 일을 좋아할 수 있다. 비록 넉넉하지는 못할지라도 말이다. 설령 수입이 늘어난다 해도 자기 일이 다른 사람의 불행을 토대로 한 일이라면 양심이 찔려 괴로울 것이다.

지금 하는 일을 그만둘까 망설인다면 먼저 그 일이 다른 사람에게 도움이 된다고 느낄 수 있는가를 생각해보라. 만약 남에게 도움이 된다고 생각되지 않으면 그 관점으로 다른 일을 검토하자.

남에게 도움이 되는 일이라고 해서 자신을 희생하며 일하라는 말은 아니다. 미치도록 좋아하는 일이란 자기만족으로 끝나지 않고 어딘가 분명 세상과 연결되어 있을 것이다.

의사인 친구로부터 이런 이야기를 들었다. 젊은 시절에 몇 주나 집에 못 들어갈 정도로 계속 격무에 시달린 적이 있었다. 그토록 힘든 생활을 헤쳐 나왔으니 뭐든지 잘할 수 있다는 자신감이 생겼는데, 요즘 젊은 의사들은 편한 일만 찾는다고 말이다. 의사의 일이란 환자의 생명을 구하는 일이므로 자신만 생각해서는 도저히 할 수 없다.

실제로 이 친구는 24시간 대기하며 휴일이든 심야든 연락이 오면 바로 환자네 집으로 왕진을 갔다. 그는 지난날을 회상할 때 비장함은커녕 외려 즐거워 보이기까지 했다. 물론 힘들지 않았다고 생각하지 않는다. 무슨 일이든 당사자가 아니면 알 수 없는 힘겨움이 있을 테니까. 하지만 그는 분명 자신의 젊은 날을 즐겁고 자랑스럽게 추억할 것이다.

아래 직원을 어떻게 대해야
할지 모르겠어요

젊은 사원에게 조금만 주의를 줘도 금방 회사를 때려치웁니다. 우리 세대가 젊었을 때처럼 교육하고 있지만 영 효과가 없어요. 젊은 사원을 가르치는 게 힘들고 가끔 멋대로인 모습을 보면 화가 치밀기도 합니다. 어떻게 하면 좋을까요?

가까운 관계라야 도울 수 있다

자기는 이만한 일로 회사를 그만두지 않았다는 생각에 사로잡혀 있으면 젊은 사원에게 알맞은 대처법을 찾을 수 없다.

입사 당시에도 똑같은 말을 상사에게 들은 기억이 있을 것이다. 부모가 되고 나서 자신이 그토록 듣기 싫어하던 말인데도 까맣게 잊고 똑같이 자식에게 훈계하는 상황과 비슷하다. 나는 부모님들이 하는 말을 들었다. 우리는 너희처럼 반항하지 않았다고.

정말 그럴까? 만일 정말 그랬다고 해도 부모가 하는 말을 아무 비판 없이 받아들이는 것보다 이치에 맞지 않는 말에는 반대 의견을 내세울 수 있는 아이가 되어야 한다. 직장에서도 상사가 하는 말에 의문점이 있으면 바로 질문하는 것이 중요하다.

질문에서 "조금만 주의를 줘도"라고 했는데 이때 주의시키는 방법에 개선의 여지는 없는지 다시 살펴볼 필요가 있다. 젊은 사람은 어릴 때부터 칭찬받고 자라서 어른이 되어서도 이를 기쁘게 받아들이는 사람이 있을 것이다. 하지만 눈물을 쏙 뺄 정도로 야단치다가 부드럽게 몇 마디 건넨다고 젊은 사람을 동하게 할 수는 없다. 젊은 사람은 그런 사람은 자신을 대등하게 보지 않는다는 사실을 잘 알기 때문이다. 야단치지 않아도 말로 설명하면 이해할 수 있을 텐데 말이다.

이성적으로 야단칠 수 있는 사람은 별로 없다. 야단칠 때는 분노의 감정이 따르기 마련이다. 젊은 사람에게 '주의'를 줄 때 야단칠 필요까지는 없다. 분노는 마치 망원경으로 반대편을 엿보듯 자신에게 화를 낸 사람을 멀찌감치 떼어놓는다.

아들러는 분노는 사람과 사람 사이를 갈라놓는 감정이라고 했다. 부모 자식 관계도 마찬가지다. 야단쳐서 관계를 멀리 갈라놓고는 도와주겠다고 나서는 잘못을 범하기 쉽다. 실제로 관계가 가깝지 않으면 도움을 줄 수 없다. 직장 상사나 부모는 젊은 사람을 교육해야 한다. 경험과 지식이 부족한 사람이 실수할 때는 그저 지적만 하면 된다. 구태여 감정적이 될 필요는 없다.

아들러는 모든 관계는 대등해야 한다고 생각했다. 안타깝게도 요즘 사회에서는 직책 차이를 상하 관계로 보는 사람이 적지 않다. 갓 입사한 신입 사원이 선배나 상사의 눈에는 지식이나 경험이 부족해 보일 테지만 그렇다고 인간으로서 열등한 것은 아니다. 상사는 지식과 경험이 있고 져야 할 책임의 양이 다르다. 그래서 상사와 부하는 똑같지 않다. 그렇더라도 인간으로서는 대등하다.

어느 날 전철 안에서 앞자리에 앉아 있는 두 사람이 눈에 들어왔다. 다도나 꽃꽂이를 하는 사제지간으로 보였다. 여자는 선생으로 보이는 사람에게 한없이 정중한 말씨로 이야기했다.

선생인 사람이 역에서 내리려고 하자 같이 출구까지 동행하며 "조심해서 살펴 가십시오"라고 깊숙이 고개를 숙이는 모습을 보면서 이 선생이란 사람이 과연 어떤 태도로 제자를 대할지 문득 궁금해졌다.

요즘은 컴퓨터 지식과 더불어 영어 실력을 요구하는 기업이 늘어나 젊은 직원들이 더 우수하다. 예전 방식대로 위에서 아래로 내려다보듯 야단치고 칭찬하거나 치켜세우는 방식은 더는 우수한 젊은 직원에게 통하지 않는다. 윗세대만 해도 야단치거나 치켜세우는 행위를 아무도 이상하게 여기지 않았고 상사가 하는 말을 고분고분 따랐지만, 이제는 그런 방식이 통하지 않는 든든한 세대가 성장하고 있다.

그럼 어떻게 하면 좋을까? 젊은 직원의 공헌에 주목해야 한다. 젊은 직원에게 배워야 한다고 억울해할 필요는 없다. "가르쳐줘서 고마워"라는 한마디면 된다. 젊은 직원을 가르쳐서 자신보다 우수하게 되면 곤란하다고 생각할 이유가 전혀 없다.

후배가 자신을 능가하는 모습을 그저 대견하게 바라보기 바란다. 아랫사람을 가르쳐서 자신을 능가하게 되면 이는 넓은 의미에서 자신이 교사로서 우수하다는 것을 증명하는 셈이다.

이러면 젊은 직원은 자신이 갓 입사한 사원임에도 회사에 공헌할 수 있다는 것을 느껴 더욱 자기 일에 최선을 다한다. 호되게 야단치면 젊은 직원에게 스스로 무능함을 절감하게 할 뿐이다. 야단맞지 않기 위해 자신에게 주어진 최소한의 일만 하려고 할 것이다. 젊은 직원이 스스로 생각하지 않거나 지시만 기다리고 자발적으로 움직이지 않는다면 상사가 그렇게 시키고 있는 것일지도 모르니 돌아볼 필요가 있다.

독창적인 일을 하려다 보면 실수할 때가 있다. 실수했다고 야단을 맞으면 아무것도 하지 않으려고 할 것이다. 큰 실수를 하지 않고 상사가 시키는 대로 따르는 대신 그릇이 작은 사람이 된다. 누구나 처음에는 초보자다. 당연히 실수하게 마련이므로 일을 맡기는 용기가 필요하다. 유능한 사람일수록 본인이 직접 하는 것이 빠르고 완벽하게 할 수 있으니 부하 직원에게 일을 맡기기를 꺼린다. 그러면 아무리 시간이 지나도 후진을 양성할 수 없다.

업무에서 실수하면 당연히 주의시킬 필요가 있다. 하지만 주의를 주는 것이 아니라 야단을 치는 사람이 있다. 젊은 사람도 실수하면 마땅히 책임을 져야 한다. 젊은 사람이 실수에 책임을 지는 데 비난과 질책은 필요하지 않다.

애당초 실수에는 어떻게 대처하면 좋을까? 실수했을 때는 다음의 세 가지를 하라.

먼저 되도록 원래대로 해놓는다. 아들이 2살 때 걸으면서 우유를 마시다가 쏟은 적이 있다. 이 일과 회사 부하의 실수를 같은 사례로 취급하는 데 고개를 갸웃하는 사람도 있겠지만 기본적으로 똑같다. 아들은 걸으면서 우유를 컵에 따라 마시면 흘리는 줄 몰랐던 것이다. 나는 아들에게 물었다.

"어떻게 해야 되는지 아니?"

모른다고 하면 가르쳐줄 생각이었는데 안다고 해서 어떻게 할 생각인지 되물었다. 아들의 대답이 돌아왔다.

"걸레로 닦으면 돼."

이때 부모가 닦아주면 아이는 자신이 무슨 일을 저지르더라도 부모가 뒤처리를 해준다는 것을 학습하게 되어 결국 무책임을 가르치는 꼴이 된다. 예상대로 우유를 쏟았지만 방바닥이 더러워졌다고 내가 상처를 입은 것은 아니므로 아이에게 사과받을 필요는 없다. 우유를 쏟아 다른 사람의 옷을 더럽혔다면 응당 사과해야 한다. 더욱이 똑같은 실수를 계속 반복하면 곤란하므로 다시 실수하지 않도록 대화를 한다. 나는 아들에게 물었다.

"이제 우유를 흘리지 않고 마시려면 어떻게 해야 해?"

잠시 생각하더니 아들은 이렇게 대답했다.

"이제부터는 앉아서 마실 거야."

"그래, 앞으로 그렇게 해."

야단칠 필요가 전혀 없었다.

내 친구가 한때 입원을 했다. 간호사가 병실에 들어와 링거 주사를 준비했다. 친구는 링거병에 적힌 이름이 자기 이름이 아님을 알았다. 옆자리 환자의 것이었다. 링거 병이 바뀌었다고 말하자 간호사는 "어머, 죄송합니다." 하더니 다시 가져와서 제대로 준비해주었다.

이것이 나중에 큰 문제가 되었다. 죄송하다는 한마디로 끝날 실수가 아니었다. 이런 사고는 보고할 의무가 있는데 보고를 소홀히 했다가 가족에게 항의가 들어와 발각된 것이다. 의료 현장에서의 실수는 치명적인 만큼 다른 실수보다도 재발 방지에 힘써야 한다.

그 간호사가 윗사람에게 어떤 지도를 받았을지 궁금하지

만 그것은 알 길이 없다. 죄송하다는 말로 끝낼 수 없는 중대한 실수지만 재발을 막는 것이 중요하므로 야단치는 것은 의미가 없다.

　실수했을 때는 실수한 행위에 대해서만 주의시켜야 마땅하다. 실수한 사람을 비판하거나 비난하면 실수한 후에도 계속 일해야 하는 젊은 직원을 필요 이상으로 몸을 사리게 할지도 모른다. 또한 한 번의 실수로 두 번 다시 그 일을 해낼 수 없다고 지레 포기하게 한다. 실수는 가능한 한 피해야 하지만, 실수에서 배우기를 바란다면 감정적으로 야단치지 말고 실수한 책임을 지게 하는 수밖에 없다.

　언젠가 TV 드라마에서 본 장면이다. 거래처 임원 아들과 맞선을 본 부하 여직원이 맞선 자리에서 싸움이 붙었다. 화가 난 맞선 상대의 아버지가 회사와 거래를 끊겠다고 노발대발했다. 싹싹 비는 부하 여직원에게 상사는 "이럴 때 상사가 필요한 거야"라며 부하의 편을 들어줬다. 부하를 지키는 것도 역시 상사의 역할이다. 이런 상사라면 젊은 직원도 믿고 따르지 않을까?

5장

왜
사랑하는 사람과
사랑받는 사람은
따로 있을까

: 연인관계

좋아하는 사람이 생겼습니다. 그 남자에게 좋아하는 사람이
있다는 것을 알았어요. 그 남자와 그녀는 사귄 지 오래되어 제
가 끼어들 여지는 없습니다. 하지만 여전히 그를 좋아합니다.
어떻게 하면 좋을까요? 단념해야 할까요?

머릿속에서 삼각형을 그려보아라. 당신이 관여할 수 있는
일은 당신과 그 남자의 관계, 혹시 그의 여자친구를 알고 있다

면 당신과 그녀의 관계뿐이다. 그와 그녀의 관계는 어찌할 도리가 없다. 당신과 아무 접점이 없기 때문이다.

현실에서는 그녀를 직접 알지 못하는 경우가 많다. 실제 그녀를 만나서 내가 그 남자를 좋아한다고 헤어져 달라고 절대로 말할 수 없다. 그와 그녀의 관계는 관여하지 말고 당신이 그와 어떤 관계를 맺고 싶은지, 당신의 바람을 실현하려면 어떻게 해야 할지를 생각하라.

두 사람이 사귀면서 다른 이성과 만나거나 이야기도 해서는 안 된다고 약속을 해둔 상황이라면 도저히 당해낼 재간이 없다. 들어갈 여지가 조금이라도 있고 그가 여자친구보다도 당신 곁에 있을 때 훨씬 마음이 편하다고 하면 그가 당신을 택할 수도 있다. 이것이 출발점이다.

이 세상에서 강제로 할 수 없는 두 가지가 있다. 존경과 사랑이다. 나를 존경하라거나 사랑하라고 상대에게 강요할 수 없다. 어떻게든 상대의 마음을 얻기 위해 공격적이 되거나 스토커까지는 아니더라도 졸졸 따라다니다가 결국 미움을 받거나 공포감을 자아내서 상대가 멀어지는 경우가 있다. 이는 당연한 결과다.

사귀는 사람이 다른 사람에게 마음이 가버려 어찌할 바를 모르겠다는 내용의 상담을 자주 한다. 이 또한 이 경우와 마찬가지로 자신과 그 남자나 그녀와의 관계에만 관여할 수 있다. 그 남자와 그 남자가 새로 좋아하게 된 여자와의 관계에는 개입할 수 없다. 상대가 다른 사람에게 마음을 두고 있는데도 그 사람이 좋다면 그 사람과 가까워지기 위해 애쓸 수밖에 없다. 누구와 사귈지는 그 사람이 결정할 일이다.

강의 시간에 이런 이야기를 하면 학생들은 무리라고 단번에 부정하지만 내가 좋아하는 사람이 좋아하는 사람과 함께 있어 행복하다면 그것을 기뻐할 줄 아는 것이 사랑이다.

그 사람에게 좋아하는 사람이 없었더라면, 혹은 좀 더 빨리 만났더라면 하고 생각하는 사람은 함정에 빠지지 않도록 주의해야 한다. 상대만 있으면 연애가 이루어진다고 생각하는 사람이다. 혹은 연애에 자신이 없는 사람은 전적으로 자신의 연애 방식에 문제가 있다는 사실을 인정하고 싶지 않아서 연애가 성사되기 어려운 상대를 좋아한다.

좋아한다는 마음에 의심을 품을 생각은 없다. 다만 그 남자에게 좋아하는 사람이 없었으면 좋겠다고 생각하기 위해, 즉 연애가 이루어지지 않는 이유는 그 사람에게 사정이 있기 때문이고 내게는 문제가 없다고 생각하기 위해 어려운 상대를 좋아하는 사람도 있다.

질투가 심한 남자친구가
자꾸 구속하려 들어요

남자친구가 질투가 심해 구속하려 듭니다. 쉴 새 없이 문자를
보내고 지금 뭐 하고 있는지를 묻습니다. 엄마를 간호해야 해
서 저녁에는 엄마가 잠자리에 들 때까지 할 일이 산더미같이
많은데도 남자친구가 전화를 해요. 나중에 내가 전화하겠다고
해도 막무가내예요.

'신뢰'와 '신용'은 어떻게 다른가

나중에 부모가 자식을 구속하는 사례를 살펴보겠지만 젊은

사람끼리도 똑같은 일이 일어난다. 다른 사람과 말만 해도 질투하는 사람이 있다. 질투와 사랑은 아무 관계가 없다. 상대가 질투하지 않으면 자신에게 관심이 없어서라고 생각하는 사람도 있는데, 만일 항상 감시당하고 감시까지는 아니라도 지금 어디에 있는지 무엇을 하는지 쉴 새 없이 캐묻고 휴대전화까지 확인한다면 아마 넌더리가 날 것이다.

자신감이 없는 사람일수록 상대가 언제나 눈앞에 있기를 바란다. 그래야 다른 사람에게 한눈팔 일이 없을 거라고 생각한다. 지금 나에게 관심이 있고 좋아한다고 말하지만 언제 어느 때 경쟁자가 나타날지 모른다고 지레 겁을 먹기 때문이다.

연애는 100%에서 시작하고 싶다는 사람이 있다. 시작부터 서로 사랑하는 관계가 되고 싶다는 의미다. 상대가 자신을 어떻게 생각하는지 모르는 것이 싫고, 이 사람이 나를 좋아한다는 확신 없이는 연애를 시작하지 않겠다는 말이다. 한편으로 일방적으로 좋아서 쫓아다니는 연애는 십중팔구 잘되지 않는다며 겁을 먹고 문자도 먼저 못 보내는 사람도 있다.

100%에서 연애를 시작한다 함은 한껏 누려야 할 연애의 즐거움을 시작부터 포기하는 것이나 다름없다. 물론 상대가 자기 기분을 따라주지 않을 때도 많겠지만 이 단계를 거치지 않으

면 연애의 즐거움과 기쁨은 거의 맛보기 힘들다.

100%에서 연애를 시작하고 싶다는 사람은 두 가지 착각을 하고 있다. 하나는 연애는 정지 상태가 아니라 항상 변하기 때문에 한번 서로의 감정을 알았다고 해서 그 상태가 언제까지나 지속되지 않는다는 점이다. 언제까지나 한결같은 마음이 지속되지 않으므로 상대가 다른 사람에게 관심을 돌리는 것은 아닐까 초조하다.

어느 날 이런 말을 듣고 놀란 적이 있다.

"지금 사귀는 사람과 앞으로 어떻게 될지 점을 봤는데 점쟁이가 결혼을 못 한다고 해서 충격받았어요. 밥도 목구멍으로 안 넘어가더라고요. 그 사람과 좋은 관계라고 생각해요. 근데 결혼을 못 한다면 아무리 애써봤자 소용없잖아요."

나는 왜 점을 보러 간 것인지 이해할 수 없다. 사이가 좋지 않아서 앞으로 일이 걱정되어 점을 보러 간 것이라면 이해가 안 가는 것도 아니다. 나 같으면 좋은 관계로 잘 지내고 있는데 혹시라도 좋지 않은 말을 들으면 충격을 받을 것이 뻔해서 가지 않았을 것이다. 왜 하필 점을 보러 간 걸까? 추측해보건대 지금은 남자친구와 사이가 좋지만 앞으로 혹시라도 관계가 나빠졌을 때를 대비해 예방선을 치기 위해서가 아닐까?

"아무리 애써봤자 소용없다"는 말은 노력하지 않겠다는 결의의 표명으로 들린다. 물론 애쓴다는 의미가 두 사람의 관계를 좋게 하기 위해 노력한다는 의미라면 이는 애써 노력하지 않으면 관계가 좋아지지 않는다는 말로도 해석할 수 있다. 점을 본 결과 때문에 낙담하는 여자에게 이런 말을 하고 싶다.

"결혼 못 한다고 해서 다행이군."

만일 그 사람과 결혼할 수 있다는 결과가 나왔다면 굳이 좋은 관계가 되려고 노력하지 않았을 테니까 말이다. 점의 결과와 상관없이 그 사람과 교제하고 결혼까지 생각하고 있는데 결혼을 못 한다는 말을 들었다면 더더욱 관계를 좋게 하려고 노력하지 않을까? 결국 그와 결혼할 수 있을 테고 말이다.

이 여자의 또 다른 착각 하나는 사랑받는 것을 중요시하고 있다는 점이다. 사랑하기보다는 사랑받는 것이 중요하다고 생각하는 것이다. 강제로 나를 사랑하라고 할 수는 없다. 나를 사랑해달라고 부탁할 수는 있지만 결정권은 상대가 쥐고 있다.

사랑받고 싶은 마음이 잘못됐다고까지는 할 수 없지만 사랑받으려고 애쓰다가 외려 상대방의 마음을 떠나게 하는 경우가 있다. 사랑받고 싶다면 상대에게 사랑받을 수 있도록 노력해야 한다. 언제 사랑받고 있다고 느끼는지 생각해보면 어떻게 해야 할지 알게 된다.

그저 자유롭게 내버려둘 때 가장 사랑받고 있다는 느낌을 받는다. 물론 자신 곁에 상대를 꼭 붙잡아두려는 사람은 상상조차 못 할 일이겠지만. 반대로 자유롭게 내버려두지 않고 언제나 감시받고 있다고 생각할 때는 사랑받고 있다고 느끼지 못한다. 신뢰받지 못한다고 생각하기 때문이다.

대인관계에서 신뢰란 근거가 있을 때만 믿는 것과 달리 조건 없이, 믿을 만한 근거가 없을 때조차도 믿는 것을 말한다. 아들러 심리학에서는 무조건 믿는 것을 '신뢰'라 하고, 근거가 있을 때만 믿는다는 의미의 '신용'과 구별 짓는다. 당신을 믿지 않는 사람은 처음부터 믿지 않은 것이다. 무슨 일이 있든 조금도 의심하지 않고 믿는 사람을 우리는 쉽게 배신할 수 없다.

사랑받고 싶다고 해서 사랑을 강요하면 외려 상대와 사이가 벌어진다. 이런 의미에서 질투는 말이 안 된다. 질투하는 사람은 어떻게든 상대의 관심을 자신에게만 쏠리게 하고, 조금이라도 상대가 다른 사람에게 관심이 있는 기색을 보이면 화를 내기 때문이다.

또한 상대가 자신이 아닌 다른 사람에게 관심을 돌리는 것은 아닐까 전전긍긍하는 사람은 지금 함께 있는 소중한 시간을 흘려보내고 만다. 두 사람 사이에 다른 사람이 있는 것처럼 말이다. 마치 어느 날 갑자기 첫째 아이에게 아래로 동생이 태어나는 경우와 비슷하다.

첫째 아이는 부모의 애정과 관심을 독차지하다가 부모가 동생을 돌보느라 점차 관심에서 밀려난다. 부모에게 사랑받는 것을 당연시했지만 어느덧 가족의 중심에서 벗어나고 만다. 이 사실을 받아들이지 못한 아이는 나중에 어른이 되어서도 똑같은 일이 일어날까 두려워하는 경우가 있다. 비록 지금은 사랑받고 있지만 언제까지나 계속 사랑받을 수 없다거나 내가 사랑하는 사람은 항상 다른 사람을 사랑하게 된다고 생각한다. 그래서 실제로 경쟁자가 없는데도 그런 경쟁자를 언제나 둘 사이에 두고 존재하지도 않는 경쟁자에게 적개심을 일으켜 묘하게 질투한다.

지금 이 사람과 함께 있을 수 있다면 그런 경쟁자는 생각하지 말고 이 사람과 관계를 좋게 할 노력을 하면 된다. 지금 자리에 없는 사람을 둘이 있을 때 화제로 삼거나 그 사람을 나보다 좋아하는 것 아니냐고 추궁하면 상대는 사랑받고 있다는 마음이 싹 달아나버릴지도 모른다.

하루에도 문자를 몇 통이나 보내는데 남자친구가 답장을 하지 않습니다. 왜 답장을 하지 않느냐고 물어보면 답장을 보낼 수 없을 만큼 바쁘다고 합니다. 어떻게 하면 좋을까요?

물론 문자를 보내지 못할 만큼 바쁜 사람은 없을 것이다. 아무리 바쁘더라도 화장실에 갈 틈도 없는 사람은 없다. 연락을 못 하는 것이 아니라 연락하고 싶지 않은 것이 본심일지도 모른다. 다만 연락하고 싶지 않은 거냐고 그를 탓하면 외려 그는 멀어진다.

그가 빤히 들여다보이는 구실을 대면서라도 만나기 싫어할 만한 행동을 한 것은 아닌지 자신을 되돌아보자. 너무나 많은 문자를 보낸 것은 아닌지 말이다. 요즘 들어 남자친구의 문자가 뜸해졌다는 사람에게 물어봤다. 전에는 매일 50통 정도 왔는데 최근에는 20통으로 줄었다는 말을 듣고 할 말을 잃었다. 남자친구 입장에서는 그토록 문자를 많이 보냈는데도 만족하지 않으니 마치 밑 빠진 독에 물 붓기라고 생각했을 것이다. 하루에 한 통이라도 문자가 오면 기쁘게 생각하기 바란다. 답장이 있으면 무사하다는 것을 확인할 수 있고 답장이 없으면 무소식이 희소식이라고 생각할 수 있다.

학생과 직장인이 사귀는 경우 흔히 일어나는 일이다. 직장인은 좀처럼 생각만큼 연락하기 힘들다. 학창시절부터 교제한 두 사람은 예전처럼 문자가 오지 않으면 금세 자기에게 관심이 없어진 것은 아닐까, 직장에서 다른 사람이 좋아진 것은 아닐까 망상에 사로잡힌다. 그래서 문자에 답장이 없어도 아랑곳하지 않고 자꾸 문자를 보낸다. 답장이 없으면 이번에는 전화를 걸려고 한다. 나중에는 질문의 사례와 똑같은 일이 일어날 수 있다.

아무리 바빠도 문자 한 통 보내지 못할 리가 없다며 상대방의 사정을 고려하지 않고 비난만 하면 권력 싸움에 돌입하게 된다. 설령 당신이 말한 대로라고 인정받을지라도 이미 상대의 마음은 멀찌감치 떠나버린 후다.

남자친구와
오래 사귀고 싶어요

요즘 사귀기 시작한 남자친구가 있습니다. 어떻게 하면 남자
친구와 오래 관계를 지속할 수 있을까요?

매일 처음 만났을 때 기분 그대로 접속하라

처음 사귀기 시작할 때는 어떤 말을 해도 또는 말하지 않아
도 단지 같이 있을 수 있다는 것만으로도 기쁨이었을 것이다.
그때의 마음을 늘 간직한다면 언제까지나 함께 있을 수 있다.

무슨 이야기를 해도 상관없지만 기왕이면 피하는 게 좋은

화제가 있다. 예전에 사귀던 사람에 대해 말해야 할 특별한 이유가 없으면 애써 말할 필요가 없다. 예전에 사귀던 사람에 관해 말하고 싶어 하는 사람이 있는데, 만일 듣기 싫다면 그만 말하라고 해라.

그보다는 지금 두 사람의 이야기를 하는 것이 좋다. 기껏 '지금 여기'에 함께 있는데 지금 여기에 없는 사람을 말하기는 아깝다. 오래 사귀고 싶다는 생각 또한 구태여 할 필요가 없다. 오래 사귀고 싶다는 것은 목표가 아니라 결과다. 여러 가지 과거의 일이나 앞으로 펼쳐질 미래를 일부러 애써 생각하지 않아도 될 만큼 지금 여기에서 두 사람의 인생을 온전히 살아낸다면 분명 앞으로도 관계가 이어질 것이다.

사귄 지 얼마 안 된 사이라면 아직 알고 지낸 시간이 짧다. 지나간 과거의 일을 낱낱이 기억해서 그때 당신이 이렇게 말했다고 따지듯 몰아세우면 두 사람은 좋은 관계를 유지하기 어렵다.

언제까지나 과거에 연연하는 사람은 당장에는 믿기 힘들 테지만 지나간 여러 가지 일을 잊을 수 있어야 지금 여기에 집중할 수 있다. 오늘 이 사람과 나는 처음 만난 사이라고 생각할 만큼 집중해야 한다. 전날에 싫은 소리를 들었을지도 모른다.

하지만 똑같은 말을 지금 눈앞에 있는 이 사람이 할 리는 없을 거라 믿고 마치 처음 만난 사람처럼 그날을 시작하자.

처음 만난 사이라고 생각하면 둘이 있는 시간은 살아 있는 것이 된다. 오늘은 어제의 반복이 아니고 내일은 오늘의 연장이 아니다. 그동안은 모르고 지나쳤던 여러 가지를 발견할 수 있다.

매일 처음 만난 듯이 하는 것을 과장된 설정이라고 생각하는 사람도 있겠지만 이는 관계를 좋게 하기 위해서다. 아무것도 하지 않고 손 놓고 가만히 있는데 관계가 좋아질 수 있을까? 설령 상대가 가만히 있더라도 자신은 관계를 좋게 하려고 노력해야 한다. 이 노력은 즐거운 노력이다.

지금 여기에 있다고 함께 보낸 시간이 마치 손가락 사이로 모래가 빠지듯 사라지는 것은 아니다. 오히려 처음 만날 때부터 헤어질 때까지 두 사람이 나눈 대화가 나중에 또렷이 생각날 만큼 매 순간을 집중해서 보낼 수 있다. 지나간 그날의 일이 생각나는 것은 함께 보낸 시간에 기쁨이 더해졌기 때문이다.

내가 아파서 입원했을 때 아내가 매일 병원에 찾아왔다. 퇴근 후라서 언제나 늦은 시간이었다. 점차 걸을 수 있게 되어 집에 돌아가는 아내를 엘리베이터까지 배웅했다.

"가끔 이런 것도 괜찮네."

아내가 말했다. 아픈 것은 물론 사양하고 싶지만 언제나 같이 있을 수 있는 사람이라도 같이 있는 것을 당연시하지 않아야 관계가 좋아진다.

남자친구와 사귀기 시작한 지 일 년이 되었습니다. 요즘에는 자꾸 응석 부리는 투로 말하게 됩니다. 남자친구에게 응석 부리는 버릇을 고치는 게 좋을까요?

당연히 고치는 편이 좋다. 처음에는 응석 부리는 것도 귀엽게 보이고 받아주는 것을 기쁨으로 느끼기도 한다. 하지만 응석을 당연시하면 머지않아 정이 떨어지는 것은 시간문제다.

걸핏하면 싸우는 커플이 있다. 한 명이 때로는 둘 다 서로에게 손찌검을 할 때도 있다. 이 두 사람은 화해하는 방법도 잘 알고 있어서 툭하면 싸우지만 그 싸움이 두 사람의 관계를 회복 불가능하게 만들지는 않는다. 하지만 싸울 때 쓰는 '화'라는 감정은 사람과 사람을 갈라놓는 감정이므로 '화'를 애용하는 커플은 '화' 때문에 관계가 끝날 가능성이 있다는 점을 유의해야 한다.

언젠가 전철 안에서 고등학생 커플이 이런 이야기를 하고 있었다.

"처음 사귈 때만 해도 넌 참 얌전했는데 말이야. 지금은 나를 완전히 깔아뭉개고 있어."

"내가 좀 제멋대로라서 그래. 그래도 난 내가 제멋대로라는 걸 알고 있으니까 괜찮아."

좋은지 나쁜지는 상대방이 결정할 일이다. 자신이 제멋대로라는 것을 아는 것은 좋지만, 그로 인해 두 사람의 관계가 어떻게 될지는 모르고 있다.

사귀기 시작할 때 내숭을 떠는 것도 마찬가지다. 처음에는 말투나 태도에 신경 쓰다가 친해지면 원래의 모습이 그대로 나와 억지를 부리거나 토라지고 걸핏하면 욱한다. 언제까지나 제멋대로인 당신을 상대가 봐주리라는 보장은 애석하게도 없다.

장거리 연애로
만남이 뜸해졌어요

현재 장거리 연애를 하고 있습니다. 서로 일이 바쁜 탓에 처음 만났을 때와 달리 만나는 횟수가 점차 뜸해졌어요. 만나면 언젠가 같이 살고 싶다는 말을 하긴 합니다.

다음 만남 약속을 잊어버리는 심리적 이유

장거리 연애는 어렵다고들 한다. 보통 커플처럼 만나고 싶을 때 언제든지 만나지 못하기 때문이다. 만일 두 사람의 관계가 소원해졌다면 그것은 멀리 떨어져서 살기 때문이 아니다. 두 사람이 '장거리'를 관계가 소원해진 이유로 삼고 있을 뿐이다.

장거리 연애라서 두 사람이 소원해졌다고 핑계를 대는 것은 어떤 의미에서는 두 사람에게 감사할 일이다. 혹시라도 나중에 두 사람을 둘러싼 상황이 변해서 더는 둘이 멀리 떨어져 살 이유가 없어지면 관계가 소원해진 이유를 장거리 연애 때문이라고 할 수 없을 테니까 말이다.

장거리든 장거리가 아니든 만날 때는 그 시간을 한껏 즐기고 다음 일은 생각하지 말아야 한다. 헤어질 시간이 다가오면 안절부절못하고 그때까지 신나서 떠들어대던 사람이 갑자기 어둡고 침울해지는 경우가 있다. 모처럼의 시간을 그런 식으로 망치는 것은 아깝다. 헤어지고 나서야 다음 약속을 잡지 않은 것이 생각날 정도가 딱 좋다. 흡족할 만한 시간을 보내고 모든 열정을 다 태울 수 있어서 다음 약속을 잊은 것이다. 그런 두 사람은 '다음'을 갈망할 필요가 없기에 결과적으로 '다음'은 있다. 다음을 생각하지 않아도 좋을 만큼 함께 보낸 시간이 충만했기 때문이다.

만일 두 사람이 뜨뜻미지근하게 시간을 보냈다면 그날의 모자란 충족감을 되찾고자 다음을 기약하게 된다. 약속을 하지 않고 헤어지면 두 번 다시 못 만날 수도 있겠다는 생각에서다.

하지만 다음에 만날 약속을 잡아두려고 해도 이런 두 사람에게 다음은 기약할 수 없다.

비단 연애뿐만이 아니다. 두 사람이 관계를 지속하려면 앞으로 나아갈 방향에 대해 의견이 일치해야 한다. 학생 때부터 사귀는 커플은 졸업할 때까지는 별다른 문제가 생기지 않는다. 졸업하고 나서 만일 한 사람은 지금 있는 곳에 남아 일을 하고 나머지 한 사람은 고향으로 돌아가는 상황이 되었을 때 앞으로 어떻게 할 것인가를 결정하지 않으면 안 된다.

장거리 연애로 결혼까지 고려하고 있다면 두 사람이 떨어진 채로 언제까지나 계속 산다는 것은 사실상 어렵다. 두 사람이 계획하는 앞날의 목표가 일치해야 좋은 관계를 지속할 수 있다. 극복해가야 할 이 난관은 어쩌면 두 사람의 관계를 더욱 단단하게 묶어줄지도 모른다.

남자친구에게 마음에도 없는 말을 해서 자주 싸우게 돼요. 어떻게 하면 솔직하고도 상냥해질 수 있을까요?

상냥하지 못하다기보다 상냥해지지 않으려고 결심한 것처럼 보인다. 상냥하지 못한 이유라면 얼마든지 찾아낼 수 있다. 과거 실연당한 일이나 성격 같은 것에서 말이다. 하지만 그것은 진짜 이유가 아니다. 상냥해지지 않으려고 스스로 결심한 것이다. 상냥하게 대하면 지게 된다고 생각해서다.

남자친구에게 잘못이 있는데 미안하다는 말 한마디 없는 남자친구를 용서하면 자신이 지는 것으로 생각한다. 남자친구가 잘해주지 않는데 왜 나만 잘해줘야 하느냐고 생각한다. 하지만 잘해줘도 괜찮지 않을까?

"고마워"라는 말이 순순히 나오지 않아서 되레 싸움을 거는 커플도 있다. 싸움의 이유는 뭐라도 상관없다. 가는 말이 고와야 오는 말이 고운 것처럼 싸우기 시작하면 걷잡을 수 없이 험악한 말을 주고받는다. 처음에는 이유가 있어서 싸우기 시작했지만 나중에는 왜 싸우는지조차 알 수 없다. 이런 두 사람은 자신들이 서로 통한다는 것을 모르고 있는 듯하다.

아들이 5살 때 어느 날 무슨 일인가로 아내에게 큰소리를 낸 적이 있다. 그때 곁에 있던 아들이 대뜸 소리쳤다.

"그렇게 화내면 엄마가 아빠를 좋아해 주겠어? 싫어하면 어쩌려고?"

두말할 나위 없이 바로 싸움은 끝났다.

날씨가 좋으면 함께 바깥으로 산책하러 가라. 사귈 때는 둘이서 함께 놀 생각만 하지 않았나. 사귀기 전에는 어떻게 해야 상대에게 관심을 받을 수 있을까 온통 그 생각뿐이었을 것이다. 그때를 생각하면 지금은 꿈만 같지 않은가. 이것을 말로 표현해보자. 주고받는 말이 어색하면 뭐 어떤가.

6장

왜
가장 가까운
사람이
가장 멀게
느껴질까

: 부부관계

○

남편이
바람을 피웠어요

○

남편이 바람을 피웠습니다. 남편은 바람피운 상대와 진즉에 헤어졌고 저도 남편도 계속 부부로 지내고 싶어 합니다. 근데 자꾸 바람피운 남편이 생각납니다. 차라리 기억을 싹 지워버리고 싶을 정도예요. 헤어질 마음은 없습니다. 예전처럼 사이 좋게 살고 싶어요. 어떻게 하면 좋을까요?

잊지 않으려고 결심한 이유는 무엇인가?

사람은 과거에 사랑하는 것도 미래에 사랑하는 것도 불가

능하다. "예전처럼"이라는 말조차 잊고 지금 한껏 사랑해라. 사랑이라는 감정은 어느 날 갑자기 불쑥 두 사람 사이에 생기는 것도 사라지는 것도 아니다. 지금 여기에서 원활하게 의사소통이 이루어질 때 상대를 좋아한다고 느낀다. 당연히 과거 일을 건드려서 화를 내면 사이가 좋아질 리 없다.

"자꾸 생각납니다"는 진심이 아니다. 필요가 있어서 잊지 않으려고 결정한 것이다. 남편이 잘못했고 자신에게는 잘못이 없음을 확인하기 위해서 말이다. 잘잘못에 집착하는 순간 이미 권력 싸움에 들어간 것이다. 고민자는 헤어질 마음은 없고 예전처럼 잘 지내고 싶다고 했다. 자신에게 잘못이 없음을 증명할 수 있을지라도 남편이 떠나버린다면 의미가 없다.

모든 커플이나 부부가 처음부터 위기 상황이었던 것은 아니다. 그저 첫 단추를 잘못 채운 듯 조금씩 엇나간 일이 있었을 것이다. 연애할 때 일방통행은 싫다는 사람이 많다. 내가 생각하는 만큼 상대도 나를 생각해주길 바라는 마음은 충분히 이해할 수 있다. 그렇다고 자신만 바라봐주기를 바라면 곤란하다.

한 여자가 같은 직장에서 정신없이 바쁘게 일하는 한 남자를 사랑했다. 식사도 제대로 못 할 만큼 바쁘게 일하는 남자를 위해 도시락을 싸다 주었다. 여기까지는 괜찮았다. 그도 좋아했으니까. 하지만 저녁에 도시락통을 찾으러 갔는데 통조차 열어보지 않았다면 그녀의 기분이 어땠을까? 영락없이 실망했을 테다.

이제는 쉴 새 없이 문자를 보내고 전화해서 시선을 끌려고 한다. 하지만 바쁜 남자는 문자 답장은 물론 전화도 받을 수 없다. 그녀는 화가 나서 휴대폰에 차마 들어서는 안 될 메시지를 남기고 만다. 다른 사람에게 마음을 돌릴 때는 이러한 일이 두 사람 사이에 일어날 때다. 이것은 잘못된 방법이다. 자신이 주목받고 싶은 마음에 나온 행동이다.

이런 사람에게는 그렇게까지 하지 않아도 된다고 말해주고 싶다. 그러니 남자는 도시락을 싸다 주면 당연하게 생각하지 말고 늦게라도 고맙다고 말해야 한다. 특별히 뭔가를 하지 않아도 당신이 곁에 있어줘서 기쁘다는 말을 하기 바란다.

사랑하기보다 사랑받는 것에 신경을 쓰는 사람은 자신이 사랑받고 있다고 확신하지 못한다. 그래서 사랑받고 있다는 확증을 얻으려고 다른 사람에게 마음을 돌린다. 당연히 그것은 관계를 개선하는 데 아무런 도움이 되지 않는다. 남편의 외도로 상처 입은 아내는 분노를 느끼거나 분노를 넘어서는 불쾌함으로 관계가 더욱더 벌어진다.

이제 권력 싸움은 그만하라. 일부러 다른 사람에게 마음을 돌리거나 하지 말고 그저 사랑한다고 솔직하게 털어놓으면 두 사람의 관계는 다시 회복될 것이다.

툭하면 화내는 남편,
어떻게 대해야 할지 모르겠어요

남편이 툭하면 화를 냅니다. 말다툼할 때 "죽어버려! 멍청이
같으니라고!" 같은 폭언을 내뱉으며 물건을 던져서 대화가 안
됩니다. 저도 화가 나고 비참해져요. 어떻게 하면 서로 대화를
나눌 수 있을까요?

'말다툼'과 '대화'는 말 그대로 하늘과 땅 차이만큼 다르다.
게다가 "나도 화가 난다"고 한 것은 명백히 권력 싸움에 돌입했

다는 의미다. 아무리 남편이 싸움을 건다고 해도 싸움을 받아들일 필요는 없다. 두 사람이 가까운 관계일 때 보통 한 사람만 화가 나는 일은 없다. 나머지 한 사람도 화가 날 수밖에 없다.

이럴 때 방법이 있다. 하나는 남편이 화를 내기 시작하면 그곳에 있지 말고 소리나 물건이 닿지 않는 곳으로 피하는 것이다. 싸움은 혼자서 하지 못한다. 그렇게 말하면 얼마나 비참한 줄 아느냐고 분명히 말로 표현해라. 적어도 당신이 화낼 일은 없다. 설령 화가 났을지라도 지금 당신이 한 말 때문에 화가 났다고 냉정하게 말로 표현해라. 요컨대 상대에게 화가 난 것을 전하면 될 뿐이지 굳이 이쪽에서 진짜 화낼 필요는 없다.

폭언을 막으려고 하는 한 싸움은 진정되지 않는다. 남편이 폭언하게끔 자신이 행동하지는 않았는지 찬찬히 돌아볼 필요가 있다. 어떤 아내가 남편이 부부싸움 도중에 칼을 휘두르기 시작하자 "찌를 테면 어디 한번 찔러봐!"라고 악다구니를 쳤다. 결과는 말하지 않아도 짐작할 수 있으리라. 그럴 때는 보통 싹싹 빌든가 도망가야 한다.

우리가 바꿀 수 있는 건 자신의 행동 뿐이다. 남편의 폭언을 막을 생각보다는 폭언을 퍼붓게 한 자신의 말투를 고치려 하면 두 사람의 관계는 달라진다. 상대를 비난한 것은 아닌지, 마음을 읽지 못한 것은 아닌지, 의사소통 방법에 문제가 있는 것은 아닌지, 말할 때 말꼬리를 잡고 트집 잡는 건 아닌지 점검할 일이 산더미처럼 많다.

걸핏하면 벌컥 화내는 사람이 있는데, 이는 진짜가 아니다. 실은 화를 내기 위해 분노의 감정을 만들어낸 것이다. 무심코 벌컥 화냈다는 말은 화낼 생각은 없었는데 화가 났다거나 다른 사람이 자신을 화나게 했다고 말하는 것처럼 들린다. 그렇지 않다. '지금 화내야지' 하고 마음먹은 시간과 실제로 화내는 사이의 시간 경과가 너무나 짧아서 스스로 선택했음을 깨닫지 못했을 뿐이다.

가령 아이에게 화를 냈다고 하자. 그때 마침 전화가 울렸다. 전화를 받을 때 처음의 "여보세요"에는 얼마간 '화'의 감정이 섞여 있을지도 모른다. 그런데 하필 전화 상대가 아이의 담임선생님이다. 바로 어투가 바뀐다. 늘 감사하게 생각하고 있다며 상냥하게 말하고 마지막에 전화를 끊을 때는 마치 앞에서 인사를 하듯 연신 머리를 조아린다. 전화를 끊고 문득 아이의 모습이 눈에 들어오면 그 순간 다시 벌컥 화를 내고 만다.

어째서 화내는 걸까? 화내거나 짜증을 내면 주변 사람이 자신이 말하는 대로 움직여준다는 것을 알아서다. 자신이 말하는 대로 주변 사람들을 조종하는 것이 화내는 목적이다. 실제로 화내는 사람이 있으면 주변 사람은 무서워서 그 사람이 하는 말을 고분고분 듣는다. 말하자면 화내는 사람은 '화'라는 감정으로 남을 지배할 수 있게 된다.

문제는 화를 내서 자신이 바라는 바를 남에게 시키려는 것인데, 그런 의도로 화내는 것은 바람직하다고 할 수 없다. 화내는 사람의 말을 들어줄지는 모르지만 자발적으로 흔쾌히 들어주는 것은 아니다. 화가 사람과 사람을 갈라놓는 감정이라는 것은 이런 의미다.

화내는 사람은 화내는 것 말고는 다른 방법을 모른다. 화를 내서 싸움만 되고 자신이 원하는 대로 되지 않았다면 괜한 에너지를 쓴 것이다. 또 툭하면 화를 내고 금방 별일 아닌 일로 화낸 것을 괴로워하는 사람이 있다. 화만 내는 자신 때문에 힘들어한다. 자신이 화를 잘 낸다고 말하는 사람은 그 말투에서부터 스스로 화를 제어할 수 없다고 인정한다. 하물며 항상 화를 내는 것도 아니고 이 사람 저 사람 가리지 않고 화를 내는 것도 아니다. 화는 대인관계에서 필요에 따라 특정 상대를 향해 만들어낸 감정이다.

화풀이를 당한 사람이 똑같이 화내면 그런 형태로 주목받은 것이 되므로 화내는 것을 막을 필요는 없다. 지금의 사례에서는 화내는 남편에게 주목하지 않는 것이 처음에 할 수 있는 일이다. 직장이라면 우선 화내는 사람에 주목하지 말고 싸움에 말려들지 않도록 대처하면 된다. 하지만 부부나 부모 자식 관계에서 화를 애용하는 사람이 있으면 무척 골치 아프다. 화를 잘 내는 사람과 함께 있는 시간은 마냥 길게 느껴지고, 또 한 번 보고 말 사이가 아니기 때문이다.

항상 화를 내는 사람은 없다. 그런 사람이 있다면 만나보고 싶다. 대략 하루에 15분 정도 화를 내면 주변에서 이 사람은 '항상' 화를 낸다는 인상을 받게 된다.

하지만 실제로는 그렇지 않다. 냉정해졌을 때 한번 화내는 것에 대해 진지하게 이야기해보면 어떨까? 먼저 무언가 바라는 바가 있을 때 그것을 화내지 말고 말로 표현해달라고 부탁하자. 화내지 않아도 말로 부탁하고 그것이 무리한 일이 아니라면 받아들일 준비가 되어 있다고 전하는 것이다. 한참 화내고 있을 때 그런 부탁을 하면 전혀 이해하지 못할지도 모른다. 이성적일 때 한번 시도해보라.

또한 화내지 않고 바라는 바를 말로 부탁하면 가능한 한 그 요구에 응하도록 한다. 아마 화를 무기로 요구하던 일을 억누르는 것이 불가능하지는 않겠지만 싸움이 되면 처음에 그가 무엇을 하기 원했는지 두 사람 모두 잊는다.

아들이 유치원에 다닐 때 집에 오는 길에 슈퍼에 들러서 쇼핑을 하곤 했다. 그때 장난감 매장 앞에서 아들이 울면서 꼼짝도 안 한 적이 있다. 아이들은 원하는 것이 있을 때 화를 내기도 하고 울면서 떼를 쓰기도 한다. 그때 아들에게 말했다.

"안 울어도 돼. 말로 할래?"

아들은 울음을 뚝 그치며 말했다.

"이 장난감 사주면 무지무지 좋겠는데……."

이리하여 아들은 무언가 원하는 것이 있을 때 말로 부탁하게 되었다. 어른이나 아이나 마찬가지다.

있는 그대로의 상대를 인정한다

본인이 화내고 있음을 알아차리도록 일깨워주어라. 물론 자신이 모르고 있을 리는 없겠지만 화내면서도 그것을 인정하시 않는 사람도 있고 스스로 화내는 것이 아니라고 생각하는 사람도 있다. 화낼 때는 멈추게 하는 것이 아니라 그저 화내고 있다는 것을 눈치채게 하면 된다. 아들은 내가 화를 내면 막 달려와서 "요즘 미간에 자글자글한 주름이 새겨졌다"고 내 미간 주름을 손가락으로 가리키며 키득거린다. 깨닫고 나면 화를 내기가 멋쩍어진다.

시간은 걸려도 '화'로 인한 두 사람의 관계가 변할 방법이 있다. 부부라면 각오해야 한다. 남편과 아내를 집 안과 밖에서는 다른 사람이라고 생각해라. 가까이 있어서 보이지 않는 점이 있을 것이다. 집에서는 남에게 보여주지 않는 약점을 보여준다. 기분이 언짢을 때도 있고 화날 때도 있다. 부부란 이런 면도 서로 보듬어줄 각오가 필요하다. 밖에서는 잘 보이지 않지만 다른 사람이 모르는 면을 서로 알고 있다는 것이 기쁘지 아니한가. 하지만 친한 사이에도 예의가 필요하다는 말이 있듯이 언제나 서로에게 찡그리는 얼굴을 보여줘도 괜찮다는 말은 아니다.

화는 사람과 사람을 갈라놓는 감정이라서 두 사람이 가까워질 수가 없다. 부부라면 타인에게 인정받는 좋은 점은 물론이고 나쁜 면도 모두 받아들이는 것이 '출발점'이 된다. 어떤 점이라도 받아들이는 것, 조건을 달지 않고 상대를 받아들이는 것. 거듭 말하자면 문제가 있더라도 원하는 바와 달라도 상대를 받아들여야 한다.

　나쁜 면이라고 했지만 실은 무엇이 좋은 점이고 무엇이 나쁜 점인지 애매한 부분이 많다. 처음에 사귈 때는 모든 것이 장점으로 보였을 테니까 말이다. 그런데 관계가 삐걱거리기 시작하면 상대에 대한 생각이 변한다. 무엇이든 나쁘게만 보인다. 이를테면 신중하다고 생각했는데 겁쟁이로 보이고 온화한 성품은 우유부단하게 보인다. 또 꼼꼼하다고 생각했는데 자잘한 것까지 집착하는 좁쌀영감 같고 태평한 사람은 무신경한 사람으로 보인다.

　결점이 많아서 사람이 싫어지는 것이 아니다. 오히려 반대로 싫어져서 관계를 벌리기 위해 이런저런 결점을 찾는다. 실제로 쉽사리 찾을 수 있다.

　어린 시절 아버지에게 맞은 적이 있다. 온화한 성품의 아버지가 한 번으로는 직성이 풀리지 않았는지 숨어 있던 책상에서까지 나를 끌어낸 것은 내가 너무 심한 짓을 한 탓이었겠지만, 그 후 아버지와 관계가 틀어진 것은 이전에도 이후에도 없던 단 한 번의 그 일 때문만은 아니다. 오히려 아버지와의 관계를 나쁘게 하려고 아버지에게 다가가고 싶지 않은 내 생각을 정당화하기 위해 그때의 일을 틈날 때마다 떠올린 것이다.

지금은 아버지와 관계를 나쁘게 할 이유가 없어서 그때의 기억이 희미해지기 시작했다. 요즘에는 어쩌면 진짜 있었던 일이 아니었을지도 모른다고 생각할 정도다.

그 사람과 앞으로도 함께 살아갈 생각이라면 그 결심을 처음에 하는 것이 필요하다. 너무 결심을 강조해서 싫다는 사람에게는 장점을 찾는 연습을 하라고 일러준다. 이미 오랫동안 사귄 사이라도 그리 녹록하지 않다는 것을 실제로 해보면 금방 알 수 있다. 자신의 장점을 말하기조차 어렵다고 느끼는 사람이 많다. 자신을 좋게 말하면 듣는 사람이 반할까 걱정돼서 너무 좋게 말하지 않겠다는 사람도 있다. 나는 머리가 좋고 말도 잘하고 미인에다가 웃는 얼굴이 매력적이고 모든 사람에게 인기가 있다는 말을 해보고 싶지만 좀체 입이 떨어지지 않는다고 한다. 당연히 말해도 괜찮다. 자신에 관해 말하지 못하겠다면 하다못해 남편이나 자식의 좋은 점을 찾아보자.

자식의 단점과 결점, 문제 행동을 종이에 적어오는 부모가 있다. 개중에는 그것을 말하는 것만으로도 만족하고 내 이야기를 듣지도 않고 자리에서 일어나는 사람이 있다. 이런 사람의 목적은 빤하다. 나는 제대로 길렀는데 자식이 나쁜 것이라고 인정받기를 원해서다. 부모와는 관계없이 자식이 문제아가

됐다고 생각하지만 그렇지 않다. 자식은 부모와의 관계 속에서 이유가 있어 문제 행동을 하고 부모에게 일부러 단점을 드러낸다. 부모는 자식이 적절하게 행동해도 전혀 알아채지 못하기 때문이다.

만약 심부름을 하지 않아도 되니까 공부나 잘하라고 말하면 아이가 어떻게 생각할까? 부모에게 주목받으려면 나쁜 면을 보여줄 수밖에 없다고 생각할 것이다. 부모는 자신과는 관계없이 자식이 문제아가 됐다고 생각하고 또 그렇게 생각하고 싶지만 실은 그렇지 않다. 자식의 행동은 부모와 관계가 있다. 말하자면 부모도 공범인 셈이다.

물론 똑같이 길러도 모든 자식이 부모를 힘들게 하지는 않는다. 자식이 어떻게 되느냐는 자식 본인의 책임이라는 사실에는 변함이 없다. 부모의 이런 태도는 부모와 자식 간의 관계를 망친다. 부모가 남에게 자식의 단점과 결점을 말하고 다니면 부모가 자기편이 아니라는 것을 자식에게 확인시켜주는 일밖에 안 된다.

부부관계도 마찬가지다. 남편이나 아내의 잘못에만 신경을 곤두세우는 것은 관계를 원만하게 풀어가지 않겠다는 결심이 애초부터 있었기 때문이다. 먼저 이 결심을 풀어 없애야 한다.

단점이 아니라 장점을 찾는 연습을 하고 장점을 봄으로써 관계를 악화하는 남편이나 아내의 결심을 흔들어놓아야 한다.

존경을 의미하는 영어 'respect'의 라틴어 어원은 '뒤돌아보다'라는 뜻이다. 평소 무심코 잊어버리기 쉬운 것을 뒤돌아보는 것이다. 이 사람은 나에게 가장 소중한 사람이다, 나와 당신은 지금 이렇게 같이 살고 있지만 언젠가는 헤어져야 할 날이 올 것이다, 그때까지는 매일매일을 소중히 하며 사이좋게 지내자고 뒤돌아보는 것이다. 이렇게 함으로써 존경하는 마음이 움튼다. 어떤 문제가 있든 내 이상형과 다르든 어찌 됐든 나에게 소중한 사람이라고 생각하며 지낸다. 이상형을 머릿속에서 말끔히 걷어내자. 다른 사람도 아닌 바로 이 사람과 함께 살아가면서 사이좋게 지내고 마음으로부터 존경하며 살겠노라고 매일매일 결의를 새로이 하는 것이다.

하지만 부부관계에서 이러한 관계 구축을 위한 작업은 절대로 필요하지 않다는 점이 문제다. 이것이 부모 자식 관계와 다른 점이다. 문제가 있더라도 혹은 원하는 바와 다르더라도 부모는 자식을 버릴 수 없지만 부부는 꼭 그렇지만은 않다. 자, 그럼 어떻게 해야 할까?

아이가 크니
남편과 할 이야기가 없어요

아이가 어렸을 때와 달리 남편과 나눌 이야깃거리가 없습니다. 어떻게 하면 좋을까요?

원래부터 대화가 없었을지 모른다

　지금 돌이켜보면 아이가 어릴 때도 그 당시는 있었다고 생각하지만 실은 대화가 없었을지도 모른다. 있었다고 해도 두 사람에게 집중한 대화가 아니었으리라. 자녀 이야기는 '남편과의 대화'에서 화제가 아니다. 물론 아이가 태어나 자라가는 모습을 바라보는 것은 부부에게 커다란 즐거움이고, 아이의 웃음소리를 듣고 자는 얼굴을 보는 것만으로도 행복했던 시기가 있었다.

하지만 아이 이야기는 부부 대화의 전부가 아니다. 아이가 태어나기 전에는 무슨 이야기를 했을까? 이제는 다 잊어버렸다.

퇴근하고 집에 온 남편이 아내가 자신에 대해서는 아무것도 묻지 않고 오로지 그날 하루 있었던 아이 이야기만 한다면 기분이 어떨까? 적어도 아이 이야기는 뒤로 미루자. 물론 남편이 자기보다 아이 일을 묻는다면 아내도 기쁠 테지만.

원만치 않은 부부관계를 개선하기 위해 둘이서만 데이트를 하라고 권할 때가 있다. 아이는 다른 데 맡기고서 말이다. 데이트하는 동안 아이 이야기는 금지다. 이를테면 저 옷이 우리 아이에게 어울릴 것 같다는 이야기도 해서는 안 된다. 집에 돌아갈 때도 길 한복판에서 헤어져 따로따로 귀가한다. 결혼하기 전이나 신혼 때의 두 사람으로 돌아가는 것이다. 부부간에 대화가 적은 것은 당연한 일이다. 오래 함께 살았으니 하나하나 자잘한 것까지 설명하지 않아도 이야기가 통하기 때문이다.

부부간의 대화가 적은 것이 어찌 보면 이상적일 수도 있다. 판에 박힌 일상적인 대화가 줄어드는 정도라면 괜찮다. 하지만 상대방의 기분과 생각까지 많은 말을 허비해가며 확인하지 않아도 상대방이 무엇을 느끼고 생각하는지 안다고 지레짐작하면 위험하다. 그래서 설령 오래 함께 생활한 부부일지라도 모른다고 생각하고 사는 것이 안전하다. 남자친구나 여자친구가 밥을 먹고 나면 항상 커피를 마셨지만 지금은 홍차를 마시고 싶어 할지도 모르기에 항상 물어보는 것처럼 말이다. "뭐 마실래?" 하고 묻는 것부터 시작해서 두 사람 사이에 말이 늘어나는 것은 의미 있는 일이다.

그렇다고 억지로 이야깃거리를 찾아서 대화하지 않아도 된다. 일요일 아침에 딱히 둘이서 이야기를 하는 것은 아니지만 TV를 자그맣게 켜놓은 주방에서 각자 신문을 읽거나 뜨개질을 하는 부부가 있다. 이따금 TV 화면에 눈길을 주고 TV에서 흘러나오는 화제에 관해 두세 마디 이야기를 나누다 보면 어느새 점심이 된다. 이야기가 가끔 끊기기도 하고 그렇다고 입 다물고 가만히 있는 것도 아닌, 그렇게 자연스레 시간을 함께 보내는 것이다.

부부가 되었는데도,
죄책감이 들어요

제게는 오래 사귄 애인이 있었습니다. 언젠가 결혼하자고 약속도 했지만 다른 여자가 좋아졌습니다. 그녀는 유부녀입니다. 각자 파트너에게 딱히 문제가 있었던 것은 아니지만, 같이 살고 싶은 마음에 저는 애인과 헤어졌고 그녀는 남편과 이혼했습니다. 저는 애인에게 남을 불행하게 해놓고 행복해질 수 있겠느냐는 비난을 들었습니다. 그녀의 남편은 예상과는 달리 어쩔 수 없는 일이라며 쉽게 납득해주었습니다. 전 남편의 부모님은 지금도 여전히 그녀를 욕하고 있습니다. 주변 사람에게 상처를 주고 부부가 된 우리가 앞으로 아무 죄책감 없이 행복하게 살아도 괜찮을까요? 아니면 죄책감을 계속 느껴야 하나요?

두 사람이 각자 파트너와 헤어지지 않았다면 문제가 될 테지만 이제 부부가 됐으니 아무 문제가 없다. 그런데도 자꾸 죄책감이 드는 이유는 어째서일까?

그녀의 전 시부모가 납득하지 못하고 욕하는 것은 어쩔 수 없다. 부모가 자식의 결혼에 개입할 수 없는 것처럼 이혼에도 개입할 수 없다. 부모가 반대한다고 부모를 따를 필요는 없다. 부모가 이해해줄 리도 만무하고 두 사람이 부부가 된 이상 부모의 원성을 피할 길은 없다.

전 애인에게 헤어지자고 한 것은 비난받아 마땅한 일이다. 헤어지자고 말했을 때 이별을 예감할 만한 일이 둘 사이에 없었다면 그녀는 마치 마른하늘에 날벼락 같았을 것이다. 그녀의 태도는 이해할 수 있다. 두 사람 모두 각자 파트너에게 축복받을 일은 당연히 없을 테니까. 그렇다고 두 사람이 죄책감을 앞으로도 쭉 가져야 하는가 하면 그렇지 않다.

그런데도 어째서 죄책감을 계속 느끼는 걸까? 고민자는 죄책감을 계속 느껴야 하느냐고 묻고 있다. 여기에 이 물음의 의미를 이해하기 위한 열쇠가 있다. 죄책감을 느껴야 할 필요가 두 사람에게 있는 것이다. 두 사람이 세상의 '상식'을 염두에 두었을 때 비상식적이지 않다는 것을 자신들도 납득하고 다른 사람도 이해해주기를 바라기 때문이다. 고민하는 모습이 필요하다고 생각한 것이다. 아무 죄책감 없이 지낸다면 나쁜 사람으로 보일 테니까.

죄책감은 두 사람의 관계가 틀어졌을 때 예방선을 치기 위한 감정으로 보인다. 두 사람의 관계는 같이 노력해서 쌓아가는 것이지만 혹시라도 관계가 틀어지면 변명거리로 삼을 수 있기 때문이다. 두 사람에게 죄책감은 쓸모가 없다.

결혼으로 생긴 새로운 관계,
어떻게 해야 할지 모르겠어요

시어머니가 트집을 잡으며 말도 안 되는 억지를 부립니다. 생각해본 적도 없는 일을 이러니저러니 멋대로 생각하고 전화를 해댑니다. 화가 나서 미치겠어요. 권력 싸움을 하고 싶지 않아 물러서지만 역시나 울화가 치밉니다. 이 울화통을 어떻게 다스리면 좋을까요?

관계의 시작은 나를 세우는 것이다

자신이 옳다고 생각하는 한 울화가 가라앉지 않을 것이다.

설령 분노의 감정이 표면에 드러나지 않더라도 자신은 옳고 상대가 잘못이라고 생각하는 동안은 일촉즉발의 상태다.

지금은 옳다고 생각하지만 옳지 않을지도 모른다고 먼저 생각해보라. 그다음에 나는 옳다고 생각하지만 다른 사람 눈에는 어쩌면 옳지 않게 비칠지도 모른다고 생각해보라.

권력 싸움이 되지 않도록 이렇게 말하면 어떨까?

"어머니는 그런 식으로 생각하시나 봐요."

그리고 이 말을 덧붙인다.

"근데 저는 그렇게 생각하지 않아요."

이해하는 것과 찬성하는 것은 별개다. "말씀은 이해하겠는데 찬성은 못 하겠습니다"라고도 말할 수 있다. 때로는 이해조차 할 수 없는 일이 있다. 이해하지 못하더라도 이해하려는 자세가 보이면 상대의 생각을 부정하지 않는다는 것이 전해진다.

이 사례에서 며느리는 자신에게 잘못이 없다고 확신한다. 그렇다면 화를 낼 필요가 없다. 상대가 이치에 맞는 말을 할 때 되레 화가 나는 경우가 있다. 부모가 공부하라고 말하면 아이는 화를 낸다. 공부를 하고 안 하고는 아이의 과제인데 부모가 멋대로 개입했기 때문이다. 대인관계에서 오는 마찰은 남의 과제에 쓸데없이 참견하거나 자신의 과제에 다른 사람이 멋대로 개입할 때 생긴다.

"아기는 아직이니?"와 같은 말을 아무 생각 없이 물어보는 경우가 그렇다. 아기를 가질지 말지는 그 부부의 과제인데도 쓸데없이 참견한다.

다른 하나는 자식이 진짜 공부를 하고 있으면 부모가 공부하라고 말하지 않을 테고, 말하더라도 공부하고 있다고 하면 된다. 하지만 공부하고 있지 않을 때 부모가 공부하라고 말하는 것은 이치에 맞는 말이고 빗나간 지적이 아니다. 자식은 자신이 공부하지 않고 있음을 인정하고 싶지 않아서 화를 낸다.

이 경우 자식은 스스로 해결하고 자신의 행동에 따른 책임을 떠맡는다. 부모가 당치도 않은 말을 하면 흘려들어라. 만일 합당한 지적이고 자신도 개선할 필요가 있다고 생각하면 비록 부모가 자신의 과제에 비집고 들어와서 불쾌했을지라도 그냥 해야 할 일을 하면 된다.

나에 대해 나쁘게 말했다고 해서 비관할 필요는 없다. 그런 사람은 세상 어디에나 있는 법이다. 우리를 올바르게 평가하지 않고 제대로 봐주지 않는 사람이 주변에 널려 있다. 무슨 일을 해도 나를 나쁘게 평가하고 왜곡된 시선으로 보는 사람이 직장에 1~2명은 꼭 있다.

한편 나를 인정해주고 호감을 느끼는 사람이 있는 것도 사실이다. 그런 사람이 많지는 않다. 어느 쪽이든 상관없다는 기회주의자나 걸핏하면 태도를 바꾸는 사람이 더 수두룩하다. 관계를 이어가고 싶은 사람은 그런 사람이 아니라 나를 인정해주는 사람이다. 나를 좋게 생각하지 않는 사람에게 늘 신경을 쓰게 마련이고 마음이 심란하다. 하지만 상대방은 나를 그만큼 생각하지 않는다.

자신이 한 발언이 다른 사람의 신경을 건드린다는 사실을 눈치채지 못하는 사람이 있다. 어머니의 곁을 지킬 때 너는 아들이니까 이건 당연한 일이라든가 학교 안 가길 다행이고 엄마를 돌봐드리게 되어서 잘됐다고 말하는 사람들이 있었다. 전혀 다행이지 않았다. 대학원에 들어가 이제 막 열심히 하려던 때에 휴학해야 해서 속상했기 때문이다. 그렇게 눈치 없이 말하는 사람들 때문에 번민에 시달렸고 화가 나거나 우울하기도 했다. 그들 때문에 에너지를 쓰는 것은 낭비다. 그들 때문에 내 인생이 우울해지는 것은 사양한다.

덧붙여 말하면 그들이 세상에 존재하다는 사실은 나에게 의미 있는 일이다. 내 인생이 일관되고 내 소신대로 살고 있다는 증거이기 때문이다. 내 신념에 따라 자유롭게 살아서 나를 나쁘게 말하는 사람이 있는 것이다. 그래서 나를 싫어하는 사람이 있다는 사실은 내가 자유롭게 살고 있다는 증거이자 자유롭게 사는 것에 대한 대가이니 그 정도 일은 감수해야 한다.

다른 시각으로 보면 주변에서 자신을 나쁘게 말하는 사람이 아무도 없다고 말하는 사람은 굉장히 자유롭지 못한 인생을 사는 사람이다. 모두에게 좋은 얼굴을 하고 있기 때문이다. 그런 사람은 인생의 방향이 정해져 있지 않다. 끊임없이 타인의 얼굴을 살피고 남들이 좋아할 말만 하고 사는 셈이다. 그래서 아무도 자신을 나쁘게 말하지 않고 적도 없는 사람은 자유롭지 않은 인생을 사는 것이다. 어느 쪽을 택하겠느냐고 묻는다면 나를 싫어하는 사람이 있더라도 자유롭게 사는 쪽을 택하겠다.

예전에 한 병원에서 근무한 적이 있다. 격무에 쫓겨 이내 건강을 해치게 되었다. 그때 원장에게 근무 시간 말고도 일이 많아서 과로한 것 아니냐는 말을 들었다. 평일에는 눈코 뜰 새 없이 바빠 집에 돌아가면 잠자기 바쁜 생활을 보내고 있었다. 매일 아침 일찍 집을 나와 밤늦게 집에 돌아가서 나중에 딸이 그때 어디 갔었느냐고 물을 정도였다.

일 자체는 보람도 있고 만족했지만 공부를 더 하지 않으면

나 자신이 빈껍데기가 될 것만 같았다. 프라이버시라는 말의 원래 의미는 '뺏다'이다. 공적인 시간에서 자신의 시간을 뺏는다는 뜻이다. 자신의 시간은 노력해서라도 뺏겠다는 마음이 없으면 가질 수 없다. 그래서 휴일에는 조금씩이라도 번역을 하기로 했다. 하는 일과 동떨어진 책이 아니라 신경 증상과 정신병에 관한 책이라서 번역 일은 카운슬링에도 도움이 될 터였다. 그런데 그것이 과로의 원인이 되었다고 원장이 지적한 것이다. 휴일에 골프를 친다면 괜찮다는 말인가? 아무 일도 하지 않고 빈둥빈둥 노는 편이 나았을지도 모르겠다.

만일 휴일까지 내 맘대로 보낼 수 없다면 앞으로 이 일을 계속해나갈 수 없다고 생각했다. 물론 생계가 걸려 있으니 일이 힘들고 불만이 있더라도 내 시간을 갖기 위해 일을 그만둔다고 말하기는 어렵다. 한 번밖에 없는 인생을 과연 나 말고 누구를 위해 산다는 말인가. 이 정도의 각오 없이 자유를 손에 넣을 수는 없다고 생각했다.

이렇게 말하면 아무 망설임도 없이 대번에 병원을 그만둔 것처럼 들릴지도 모르겠다. 지금 당시의 일을 돌이켜보면 몸도 상했고 과로한 탓도 있지만, 사실은 일을 계속하고 싶어도 아파서 어쩔 수 없이 그만둔다는 식으로 상황을 만들고 싶었는지 모른다.

물론 병원에서 정밀검사를 받았다. 결과는 이상 없음이었다. 젊은 의사는 나에게 손 쓸 도리가 없다고 선언했다. 아무 치료도 받지 않고 병원을 뒤로하고 나왔다. 그 의사는 카운슬링을 받으라고 조언하고 싶었는지도 모른다. 원인은 없어도 증상은 분명히 있었기 때문이다. 그때 쉽사리 '심인성(어떤 병이나 증세가 정신적, 심리적 원인으로 생기는 특성)'이라는 말로 뭉뚱그려서는 안 된다고 생각했다.

그만둘 계기가 없어진 나는 어느 날 병원에서 퇴근하는 길에 계단에서 다리를 헛디뎌 골절상을 입고 마침내 그만둘 수 있게 되었다. 아플 생각까지 할 필요는 없었다. 그저 그만두고 싶다고 말하면 됐다. 완치하기까지 3주 동안 병원을 쉬었다. 내가 없으면 병원이 돌아가지 않을 거라고 생각했는데 그런 일은 없었다. 직장에 복귀하는 날 아침 아내가 역까지 차로 데려다주었다. 그때 일을 그만두고 싶다고 했더니 아내가 담담히 말했다.

"그럴 줄 알았어."

　다시 질문으로 돌아가자. 시어머니도 힘들고 에너지가 필요할 것이다. 시어머니는 당신을 트집 잡기 위해 온종일 당신 생각만 해야 하기 때문이다. 그러니 상대방은 상대방의 과제로 있지도 않은 일을 말하면 그만이다. 당신은 그것에 좌우되지 말고 내가 자유로이 살기 때문에 시어머니 같은 사람이 존재한다고 생각하고 힘차게 살기 바란다. 남에게 미움받을 만큼 영향력을 미치는 사람이라고 생각하고 어디 한번 끝까지 미움받아 보자고 단단히 각오하면 아마도 각오한 만큼 미움받을 일은 없으리라.

　그런데 어째서 시어머니와의 관계로 마음이 심란한 걸까? 시어머니가 이해해주기를 기대하는 마음이 없다면 시어머니로 인해 마음이 심란해지는 일은 없을 것이다. 부모와의 관계가 권력 싸움이 되는 것은 자신이 옳다는 생각에 집착해서만은 아니다.

　만일 옳다는 생각만이 문제라면 잘못을 지적당했을 때 '정말 그런가?' 하고 생각하면 그만이지만, 사실은 잘못을 인정하는 것이 억울해서다. 졌다고 생각하는 것이다. 아니면 비난당

했다거나 비판받았다고 생각한다. 말하는 내용보다는 이야기할 때의 대인관계에 관심이 있는 사람은 말하는 상대가 관심사다. 그래서 똑같이 잘못을 지적당해도 아무렇지도 않은 사람이 있고 인격을 모욕당했다고 속상해하는 사람도 있다. 말하는 내용에만 주목하고 말하는 사람이 누군가는 주목하지 마라. 말하는 내용이 타당하지 않으면 흘려듣고 자신에게 잘못이 있으면 사과하고 잘못을 바로잡으면 그만이다.

또 다른 방법은 억지로라도 같이 있기 거북한 사람과 마주보는 것이다. 나는 아버지와의 관계에서 이 방법을 택했다.

우선 시어머니가 언제나 당신을 나쁘게 말하는 것은 아니라는 사실을 알아두기 바란다. 항상 모든 면에서 자신을 나쁘게 말하는 사람이 있다고 믿는 것은 자칫 빠지기 쉬운 착각이다. 항상은 아니다. 모르고 있을 뿐이다. 아니면 인정하고 싶지 않아서다. 자신을 좋게 생각해줄 때가 있으리라 생각하고 시어머니와의 관계를 다시 보자.

시어머니와 사이좋게 지내야겠다는 결심은 당신 자신이 할 수 있다. 아니, 당신 자신밖에 할 수 없다. 사이좋게 지내려면 시어머니의 좋은 면을 볼 필요가 있다. 존경하려고 결심해보자. 내가 존경하는 것이지 상대방에게 나를 존경하라고 하는 것이 아니다. 이는 남에게 나를 사랑하라는 말과 마찬가지로 불가능하다.

또한 상대방이 아닌 나에게 고쳐야 할 점이 있는지 다시 점검해본다. 어쩌면 상대방이 화내는 것이 당연할 수도 있다. 덤벼들듯이 말하거나 감정에 치우쳐 심하게 몰아세웠을지도 모른다.

만일 시어머니와 같이 살고 있다면 존경하는 수밖에 없다. 남을 존경하는 데 이유는 필요 없다. 남을 미워하는 데 이유가 필요 없듯이 말이다. 시어머니는 말도 안 되는 트집으로 이런저런 말을 하지만 시어머니 또한 당신을 미워하는 데 이유가 없을 것이다. 다시 말해 당신을 미워하려고 결심한 것이다.

싫은 사람(정확히는 싫은 사람으로 간주한 사람)과 관계를 맺을 때 이 사람은 싫은 사람이라고 생각하고 관계를 맺으면 그 사람과는 그런 관계밖에 되지 않는다. 자식이든 남편이든 부모든 마찬가지다. 아침에 일어났을 때 거의 무의식적으로 똑같은 메시지가 머릿속에 맴돈다.

'아, 싫다. 오늘도 그 사람이랑 같이 지내야 하나?'

그렇게 생각하면 생각하는 대로 된다. 실제로 그렇지 않은 일이 일어나도 예외라고 생각한다.

상대에게 본받을 점이 있어서 존경하는 것이 아니다. 자신이 가장 존경하는 사람이라 애써 생각하고 관계를 맺어본다. 관계를 맺겠다고 결심하면 바로 말투부터 바뀐다. 시어머니와 어떤 식으로 관계를 맺을지는 당신 하기 나름이다.

7장

가장
사랑하는 사람이
가장
아프게 한다

: 가족관계

사귀고 있는 사람이 있다는 것을 부모님에게 들켰습니다. 학생이라서 연애는 안 된다고 반대하시는데, 어떻게 해야 사귀는 것을 허락해주실까요? 연애뿐이 아닙니다. 밖에 나가 있으면 자꾸 집에 연락하라고 잔소리가 심해요. 아르바이트 월급까지 부모님이 관리합니다. 저를 생각해서 그러시는 거라고 생각하지만 이제 고등학생도 아닌데 정말 못 참겠어요.

당신이 말한 대로 고등학생도 아닌데, 아니 고등학생이라도 부모가 너무나 터무니없는 방식으로 당신을 속박하는 것은 자식을 위해서라고 부모가 믿고 있기 때문이다. 자식이 언제까지나 아이라고 생각하고 아이로 있기를 바라면서 부모에게서 벗어나려는 것을 보고 싶지 않기 때문이다. 설령 그렇게 하는 것이 자식의 역정을 사는 일이라 해도 말이다.

사실은 어릴 때도 부모가 자식을 자기 생각대로 하지 못했을 것이다. 이제는 자식이 부모 손에서 벗어나려는 것을 인정할 수밖에 없는데, 그 거역할 수 없는 흐름을 막으려고 온갖 면에서 자식의 생활을 속박하고 지배하려 한다.

연애와 결혼은 자식 스스로 책임져야 마땅한 일이고 설령 실패해서 괴로운 일을 겪게 된다고 해도 자식이 곤란을 겪을 일이지 부모가 곤란을 겪지는 않는다.

온갖 대인관계의 마찰은 남의 과제에 쓸데없이 개입해서 생긴다. 연애는 안 된다든가 누구와 어디서 무엇을 했는지 꼬치꼬치 파악하려고 들면 자식이 부모에게 등 돌리는 것은 당연하다.

딸 셋을 둔 아버지가 있다. 질문자의 부모와 마찬가지로 딸들을 속박하다가 반발을 샀다. "자나 깨나 딸들이 걱정돼서 힘드시죠?"라고 했더니 그 아버지는 솔직히 인정했다. 출발점은 악의가 아니었다. 그런데 그 '걱정'이라는 마음을 어떻게 해야할지 몰랐던 것이다.

나도 사춘기 딸이 있어서 집에 늦게 들어오면 걱정이다. 하지만 그 걱정을 자식에게 해결시킬 수는 없다. 그것은 부모의 과제이기 때문이다. 부모가 스스로 어떻게든 해결해야 하는 일이고, 자기 걱정을 어떤 방식으로 해결하라고 자식에게 강요할 수 없다.

"걱정을 해도 딸들과 말이 안 통해서 힘드신가요?" 하고 물었더니 그 아버지는 그렇다고 대답했다. 부모는 보통 어떻게 해야 좋을지 몰라서 부모가 걱정하는 일을 자식이 하지 않게 하면 된다고 생각한다. 하지만 이렇게 자식을 지배하는 부모는 자식의 입장에서 보면 사사건건 간섭하는 부모로만 보인다. 그래서 자식이 반발하는 것이다.

젊은이에게는 설령 부모가 하는 일이 이상하더라도 반항하지 말라고 당부한다. 부모는 자식을 언제까지나 아이라고 생각하면서 한편으론 어린애 같은 말을 해서는 안 된다는 둥 빨리 어른이 되라고 한다. 일관성 없이 말하고 있는 줄 자신은 모른다. 부모와 얼굴을 마주칠 때마다 싸우게 되어서 부모와 말하지 않는다는 젊은이도 있었다. 일 년 가까이 부모와 대화를 나눈 적이 없다는 이야기를 듣고 적잖이 놀랐다. 이것은 에너지가 필요한 일이다. 이런 식으로 하는 반항을 권할 수는 없다.

7년 반 동안이나 계속 말 없는 장난전화가 걸려왔다는 선생님이 있었다. 어느 날 문득 한 제자 얼굴이 떠올랐다. 그날 밤에도 평소처럼 전화가 걸려왔고, 전화를 받자 역시 아무 말이 없었다. 선생님은 수화기에 대고 제자의 이름을 불렀다.

"○○야."

"……네."

이렇게 두 사람 사이에 더는 침묵이 아닌 교류가 시작된 셈이다. 선생님은 너무 둔감했다. 학생은 그토록 오랫동안 말없이 전화를 걸 일까지는 없었을 것이다.

내 인생에 간섭하지 말라고 부모에게 분명히 말로 주장해야 한다. 내가 사는 인생이니까 내 인생은 내가 책임진다고 주장하라. 이런 주장을 반항이라고 생각하는 부모가 있을지도 모른다. 부모가 흥분하여 이성을 잃든 울적해 하든 부모 스스로 어떻게든 하는 수밖에 없는 일이다. 자식이 부모를 신경 쓸 일은 아니다.

말로 주장해야 한다고 하는 이유는 감정적인 방법으로 주장하면 부모와의 관계가 더욱 어렵게 될 것이기 때문이다. 어느 날 아들에게 물은 적이 있다.

"너는 항상 뭐든지 솔직하게 말하는데 진짜 괜찮은 거니?"

아들은 이렇게 대답했다.

"솔직하게 말하는 게 확실해서 좋잖아요."

말로 주장하면 확실하게 전해진다. 말로 표현하지 않으면 전해지지 않는다는 말이다. 전해지더라도 그것을 상대가 받아줄지 어떨지 알 길이 없다. 설령 부모가 감정적으로 반응하더라도 같이 감정적이 되어서 울거나 화낼 필요는 없다.

앞으로 결혼하고 싶은 사람이 나타날 것이다. 심하게는 아니더라도 처음부터 두 팔 벌리고 반기는 부모는 거의 없다. 일찍이 자신들도 부모에게 반대를 받았다는 사실을 다 잊은 양

앞으로 생활을 어떻게 꾸려나갈 것인지 꼬치꼬치 묻는다. 누구와 결혼할 것인가는 자식의 과제다. 부모가 개입해서도 안 되고 개입할 수도 없는 일이다.

처음부터 부모가 반대하고 섭섭해 할 것이라고 미리 생각해두는 편이 낫다. 내가 사랑하는 사람과 결혼해서 부모를 슬프고 화나게 할지, 아니면 사랑하는 사람과 결혼하지 않아서 부모를 슬프고 화나게 하지 않을지 선택지가 두 가지밖에 없다고 미리 생각해두는 것이다. 막상 부모가 슬퍼하거나 화내더라도 이미 예상한 일이기 때문에 태풍이 지나가기를 기다리는 마음으로 잠시 진정되기를 기다리고 있으면 된다.

부모를 슬프게 하지 않으려고 사랑하는 사람과 결혼하지 않겠다거나 부모가 원하는 결혼을 하겠다는 선택지는 당연히 있을 수 없다. 개중에는 부모를 슬프게 하지 않기 위해 결혼을 포기하는 사람이 있다. 부모가 자식에게 너를 위해서라고 말하는 경우와 반대다.

이런 선택을 하는 데는 다 이유가 있다. 부모를 위해 사랑하는 사람과 결혼을 포기하고 다른 사람과 결혼하면 나중에 후회할지도 모른다. 만일 그때 부모가 말하는 대로 하지 말 걸 그랬다며 후회할 때 원만하지 못한 결혼 생활을 부모 탓으로 돌릴 수 있기 때문이다. 물론 부모가 반대했다고 해도 자기 생각을 밀어붙이지 못한 책임은 본인에게 있다.

부모들에게 단단히 일러두겠다. 부모 눈에는 자식이 위험한 결단을 내릴지도 모른다는 조바심에 자식 일에 참견하고 자식 인생에 끼어들고 싶을 것이다. 하지만 자식의 과제에 간섭하면 자식이 스스로 떠맡아야 할 책임이 부모에게 전가될 우려가 있다. 자식을 무책임하게 만드는 일은 그만두자.

부모가 자식의 결혼에 반대한다는 이야기를 종종 듣는데, 부모가 자식 인생에 간섭하고 결혼을 반대할 수 있다는 사실이 나는 그저 놀랍기만 하다. 부모가 결혼을 반대해서 나중에 자식이 불행해지면 그 책임을 과연 부모가 어떻게 지겠다는 말인가?

물론 자식도 부모가 반대해서 자신의 결심을 단념한 것이라면 그 책임을 져야 마땅하고, 만일 부모가 권유한 결혼이 실패했을지라도 부모를 탓할 수는 없다.

부모의 반대를 무릅쓰고 한 결혼이 파탄 났다고 해도 마찬가지다. 자신이 책임져야 한다는 사실에는 변함이 없다. 부모가 반대해서 그만둘 것 같은 결혼이라면 애당초 하지 않는 것이 낫다.

또한 부모는 자식을 몰아세우지 말아야 한다. 자식이 부모의 반대를 뿌리치고 결혼했는데 나중에 부모가 우려한 일이 일어났을 때 자식이 돌아올 곳이 없기 때문이다. 앞으로 결혼 생활을 시작하려는 자식에게는 말하기 조심스럽지만 만일 결혼 생활이 잘못되면 언제든지 돌아와도 괜찮다고 보듬어주는 부모가 되기를 바란다. 그런 부모라면 자식도 처음부터 맞서서 대들지는 않을 것이다.

이 대학에 가야 한다. 이런 곳에 취직해야 한다. 이런 친구를
만나라. 사사건건 참견하는 권위적인 부모님에게 반항하게 되
고 언제나 말다툼을 합니다. 어떻게 하면 좋을까요?

남의 과제에 쓸데없이 개입하면 문제가 생긴다

　내 어머니는 49살에 돌아가셨다. 아버지는 아직 50대 초반
이었는데 그 후로 쭉 혼자서 살고 계신다. 그 당시 아버지는 한
종교를 믿기 시작했고, 아버지가 종교 생활을 하는 데 문제는

없다. 다만 한 가지 곤란했던 점은 아버지가 나에게 신앙을 가지라고 자꾸 강요한 일이었다.

그때는 젊은 시절만큼 아버지와 관계가 나쁘지 않았다. 나는 어머니가 돌아가시고 나서 바로 대학원을 다니면서 결혼을 했다. 전혀 취직할 기미가 없어 보이자 아버지는 언제 취직할 거냐며 틈만 나면 채근하고 직업에 관해 설교하는 통에 아버지와 단둘이 되는 상황을 끔찍이 싫어했다.

대인관계에서 오는 마찰은 남의 과제에 쓸데없이 개입할 때 발생한다. 부모 자식 관계에서도 마찬가지다. 내가 어떤 일에 종사할지는 내 과제이지 부모의 과제가 아니다. 취직하지 않겠다고 하면 그 책임은 나에게 있는 것이고 부모는 아무 상관 없는 일이다. 부모가 걱정하는 것을 이해하지 못하는 것은 아니다. 다만 취직하지 않는다고 뜬금없이 잔소리를 해대니 아버지와는 상관없는 일이라고 반발하지 않을 수 없었다.

그 무렵 아버지가 내 걱정은 접어두고 본인의 인생을 살면서 자주 연락하지 않고 신경 쓰지 않게 되자 서로 무덤덤하게 잘 지냈다. 드디어 아버지의 간섭에서 벗어나 자유롭게 된 것이다. 그런데 종교 문제로 다시 내 인생에 끼어들려는 아버지의 태도에 진절머리가 났다. 말할 것도 없이 종교는 내 과제이지 부모가 이러쿵저러쿵할 일은 아니다.

종교에 관해 처음부터 귀를 틀어막고 못 들은 척하지는 않았다. 종교 문제로 다시 아버지와 사이가 나빠지는 것이 너무나 싫었다. 어찌할 바를 몰라 정신과 의사 친구에게 상담을 청했다. 내 말을 듣자마자 친구는 단박에 말했다.

"너도 믿어."

처음에는 예상을 빗나간 대답에 무척 놀랐지만 친구의 조언을 아버지와의 권력 싸움에서 물러나라는 의미로 받아들였다. 인간관계에서 분노의 감정이 일어나면 권력 싸움이 시작된다. '나는 옳다'고 생각하면 앞서 여러 번 언급했듯이 권력 싸움이 시작되는 것이다.

아버지와 권력 싸움을 하고 있음을 느끼게 된 일이 있다. 어느 날 아버지가 여느 때와 달리 강한 어조로 종교를 강요하기에 그만 참지 못하고 소리를 버럭 질렀다. 아버지는 이렇게 말했다.

"넌 내가 이 종교를 믿기 시작했을 때 이미 이 종교에 들어온 거나 마찬가지야. 부모와 자식 간의 인연은 절대로 끊어지지 않으니까."

부모와 자식 간의 인연은 정말 끊을 수 없을지도 모른다. 그

것과 종교는 아무 관계 없다고 생각한 나는 "나하고는 아무 관계 없으니까 그딴 말 하지 마세요"라고 대꾸했다. 굳이 큰 소리까지 지르며 말하지 않아도 괜찮았을 텐데 말이다.

"네가 나를 등지면 부처님으로부터 너하고 이어진 인연은 끊어진다."

"불행해진다는 말인가요?"

나는 생각을 더 하고 아버지에게 말했다.

"……조금 전의 말투는 윗사람이 아랫사람에게 명령하는 말투 같았어요."

"내 말투가 좀 심했니?"

아버지는 뜻밖에도 잘못을 솔직히 인정했다. 그 후로는 나도 아버지도 이성적으로 대화를 나눌 수 있었다.

"난 젊었을 때 힘들고 괴로운 일을 겪어서 절에 들어가려고 생각한 적이 있단다."

나는 부모에 대해 관심이 거의 없었기 때문에 모두 처음 듣는 말이었다. 아버지가 무슨 일로 그토록 고민했는지 문득 궁금해졌다. 그때 나는 아버지와 세 시간이나 이야기했다.

지금 돌이켜보면 아버지가 반강제로 종교를 권한 일은 비록 받아들이지 않았지만 아버지와 화해하는 첫걸음이 되었다.

때로는 이해할 수 없는 일도 있지만 이해하는 것과 찬성하는 것은 별개다. 아마 나는 아버지 이상으로 아버지가 믿는 종교를 이해했는지도 모른다. 그렇다고 찬성은 할 수 없었다.

덧붙여서 말하자면 누군가에게 의뢰받거나 권유받았을 경우 거절하기 어렵다는 것을 처음부터 알았을 때 대처하는 방법이 있다. 이를테면 아이가 과자나 장난감을 사달라고 조를 때가 있다. 그럴 때 자초지종을 들으면 상대의 억지 주장에 넘어가기 쉽다. 천하없어도 거절하고 싶을 때는 애초부터 이야기를 듣지 않는 것이 좋다. 이야기를 들어주면 상대방은 자신이 바라는 대로 해줄지도 모른다고 은근히 기대한다. 더욱이 이쪽에서 부탁을 들어줄 수 없는 이유를 말하더라도 거절할 이유가 못 된다고 보고 설득하면 넘어올 것으로 생각하며 기대감을 한껏 부풀린다. 그러므로 이유를 대는 것이 아니라 더는 듣고 싶지 않다고 말을 그만하게끔 몰아가야 한다.

복잡하게 얽힌 업무나 집요한 텔레마케팅이라면 이런 식으로 거절해도 아무 문제가 없다. 다만 부모 자식 관계에서 거절은 관계를 나쁘게 하는 결정적 요인이기 때문에 정말 거절해도 괜찮은지 신중하게 검토해야 한다. 특히 부모가 자식의 요구를 거절할 때는 더욱 신중을 기할 필요가 있다. 부모의 요구

를 자식이 거절해서 부모 자식 관계가 나빠진다고 해도 부모
는 단념할 수밖에 없다.

나는 아버지에게 "아버지가 다니는 절에 한번 같이 가보고
싶어요"라고 말했다. 아버지는 기뻐했다. 그리고 마침내 아버
지와의 권력 싸움에서 물러날 수 있었다.

우리가 항상 쓰고 있는 가면

카운슬링이 아니더라도 부모와 자식이 서로 이야기를 나눌
때 진학과 취직, 또 결혼이나 이혼은 본래 자식의 과제지만 부
모와 자식 간의 공동 과제로도 삼을 수 있다. 그렇다고 뭐든지
참견해도 괜찮다는 말은 아니다. 신중하게 말하지 않으면 감정
이 실리기 십상이다.

자칫 감정에 치우칠 수 있어서 부모와 자식 간에 대화를 나
누기란 여간 힘든 것이 아니다. 하지만 절대 불가능하지는 않
다. 자식이 부모에게 상담을 청한다는 것은 부모와 자식 간에
관계가 좋다는 방증이고, 부모가 상담을 받는 문제는 자식의
과제이지 부모의 과제가 아니다. 다시 말해 자식이 당장 직면

한 과제에 결단을 내리는 것을 도와줄 수는 있지만 최종 결정은 자식의 몫이지 부모가 아니라는 점을 확실히 하고 상담에 응한다면 이성적으로 이야기할 수 있다.

이때 비로소 부모도 자식도 아닌 한 개인으로서의 관계가 시작된다. 어떤 의미에서 이것은 상당히 두려운 일이다. 우리는 언제나 역할이라는 가면을 쓰고 살아간다. 영어 'person'은 페르소나, 즉 가면이라는 의미다. 부모라는 가면을 쓸 때 자식과 관계를 맺을 수 있다. 가면을 쓰는 동안은 한 인간으로서 관계를 맺기 어렵다.

진찰실에서 한 이야기가 특별한 이야기여서는 안 된다고 생각한다. 왜 그래야 할까? 여기서도 가면을 쓰고 있기 때문이다. 의사와 카운슬러는 가면을 쓴다. 가면을 쓴 의사와 카운슬러 앞에 온 사람은 고객이나 환자가 된다. 의사가 흰 가운을 입는 이유는 뭘까? 환자 앞에서 의사라는 역할을 확실히 해두려는 의미가 있다. 내가 근무했던 병원에서는 흰 가운을 입지 않고 모두 사복 차림이었다. 치료자로서가 아니라 그냥 사람, 혹은 친구로서 환자와 마주하고 싶어서였다.

가정에서도 마찬가지다. 부모가 부모의 가면을 쓰고 있으면 자식은 자식의 가면을 벗지 않는다. 부모가 아니라 친구라고 생각하고 자식이 편히 이야기를 털어놓는 부모가 되도록 노력하자. 그러면 자식도 달라진다. 자식이 하는 말에 토 달지 않고 끝까지 듣기가 생각보다 쉽지 않다. 부모의 입장에서 이야기를 들으면 가만히 듣고 있을 이야기가 아닐 때가 많다. 더는 못 참고 부모로서 의견을 말해야겠다고 생각한다. 그러면 지금껏 기분 좋게 이야기하던 아이가 입을 다물어버린다. 이야기를 끝까지 들어주지도 않고 말참견하면서 비판까지 하는 사람에게 누가 자신의 이야기를 들려주고 싶겠는가?

가면을 벗어던지면 이야기를 들을 수 있다. 재미있다고 생각하며 이야기를 들으면 된다. "이런 것을 생각하고 있었니?"라고 물으면 자식은 한 시간이고 두 시간이고 이야기할 것이다. 아버지와 꽤 긴 시간 대화를 나누었을 때 나는 부장님이 못 살게 굴었느냐, 그런 이야기를 해준 적이 없다. 고생이 이만저만이 아니었겠다 하면서 어느 이야기나 흥미진진하게 들을 수 있었다. 아버지와 어머니가 젊었을 때 할머니가 무섭고 까다로운 분이라서 여러 종교단체를 전전했다는 이야기를 듣고 부모에 대해 아는 것이 별로 없었다고 새삼 생각했다.

재미있게 이야기를 들으면 상대에게 고스란히 전해진다. 아버지는 한없이 이야기 보따리를 풀어놓았다. 내가 종교는 미신이라고 말했다면 이야기는 거기서 끝났을 것이다. 아무리 황당무계한 이야기라도 잘 들어줘야 한다. 그래야 당신의 말은 이해하지만 찬성은 못 하겠노라고 말할 수 있다.

더러는 이해하기조차 힘든 이야기도 있다. 그래도 이해하려고 노력해야 한다. 그런 다음 찬성할 수 없다고 전한다. 그래도 내가 반대하는 것을 상대가 하겠노라고 하면 친구의 입장으로 기꺼이 협력하고 싶다. 학교에 가지 않는 것을 바람직하다고 생각하지 않지만 그런 당신에게 내가 할 수 있는 일이 있으면 힘이 되고 싶다고 말하겠다.

가면을 못 벗겠다고 하면 친구로서 가면을 쓰면 된다. 부모와 자식 간에 쓰는 가면처럼 말이다. 눈앞에 있는 사람을 부모나 자식으로 생각하면 냉정하게 말할 수 없다. 만일 이 사람이 나의 소중한 친구라고 가정하면 어떤 식으로 이야기를 듣고 말해야 좋을지 안다. 아마 친구라면 비판하지 않고 이야기를 끝까지 잘 들을 수 있을 테고, 상대의 과제에 쓸데없이 개입하는 일도 없을 것이다. 더구나 친구이기 때문에 내 과제가 아니라는 말도 할 필요가 없다.

통금 시간이 8시입니다. 부모님은 이것도 늦다고 생각하는 모양이지만 강의가 끝나자마자 바로 집에 가도 아슬아슬한 시간이에요. 아버지가 귀가하는 시간은 매일 그보다 늦은데, 왜 저만 이런 통금시간을 지켜야 하나요?

부모와 교섭을 해보자

부모가 통금 시간을 정하는 것을 굳이 호의적으로 보자면 귀가가 늦어지는 것이 걱정되기 때문이다. 몇 시에 집에 돌아오는지 알면 그것만으로도 부모는 안심한다. 이는 식사를 준비하는 부모에게도 고마운 일이다. 몇 시에 오는지 알면 가능한 그 시간에 맞춰 식사를 준비할 수 있다. 저녁을 먹고 온다고 미리 연락해주면 수고를 덜 수 있다. 자식이 밥을 먹고 오는 날은 메뉴부터 달라질 테니까.

사실 통금 시간을 규칙으로 하기에는 무리가 따른다. 그 이유는 나중에 언급하겠지만 만일 통금을 규칙으로 정하려면 시간은 다르더라도 어른이나 아이나 똑같이 적용해야 한다. "시간이 다르더라도"라는 단서를 단 것은 어린아이에게 부모와 똑같은 시간을 통금 시간으로 정할 수 없기 때문이다. 초등학교 1학년 아이의 통금 시간이 10시라면 말이 안 되니까 말이다. 책임을 질 수 없기 때문이다. 시간은 다르더라도 통금 시간이 아이에게만 있고 어른에게 없다는 것은 어불성설이다.

규칙이란 본래 어딘가에 써서 명시해야 한다. 자신도 모르는 사이에 정해져 아무 데도 명시되지 않은 규칙이란 있을 수 없다. 그러면 어른이 언제든지 자의적으로 정할 수 있게 된다.

왜 통금 시간을 규칙으로 정할 수 없을까? 규칙으로 정할 수 있는 것은 어떤 행위가 가족이라는 공동체 성원이 전원, 혹은 대다수에게 실질적으로 누가 미치는 경우다. 가령 한밤중에 큰 소리로 음악을 듣는데 10시 이후에는 음량을 줄이라고 규칙을 정하는 것은 가능하다. 하지만 부모가 마음에 들지 않는다는 이유로 록음악을 듣지 말라는 규칙을 정할 수는 없다.

결말이 본인에게만 미치는 행위, 예를 들어 밤늦게까지 안 자고 깨어 있는 것은 규칙으로 할 수 없다. 밤 9시 30분에는 각자 방으로 들어가라는 것은 규칙으로 삼을 수 있다. 그것을 모두가 납득하고 자녀가 밤에 일찍 각자 방으로 들어가기를 부모가 희망하면 이는 부모 사정이므로 부모가 자녀에게 부탁하면서 이를 규칙으로 하는 데 협력해달라고 말해야 마땅하다.

하지만 대부분 규칙은 앞의 통금 시간처럼 어른이 아이를 통제하기 위해 만든다. 규칙은 본래 공동체를 유지하고 운영하기 위해 마련한 것이다. 그런데 대부분 규칙은 이 목적과 전혀 무관한 것이 많다. 저녁 식사 시간에 맞게 귀가할 수 없으면 몇 시쯤 집에 올지 문자로 연락하라는 규칙은 이 목적에 맞는다.

또한 많은 교칙이 공동체 유지와 운영이라는 목적과 관계가 없어 보인다. 복도를 걸을 때는 벽에서 30cm 떨어져서 걸으라든가, 복도를 돌아갈 때는 직각으로 돌아야 한다는 것 등 말이다. 이에 합리적인 근거는 없다. 만일 연애는 성적이 30등 안에 드는 학생하고만 해야 한다는 규칙이 있다면 실소를 금치 못할 것이다. 성적이 떨어지면 사귀지 말란 말인가.

아들러 심리학에서 말하는 '중성 행동'은 그 결말이 본인에게만 미치는 일이고 본인의 의사를 존중해야 한다. 그래도 어른이 개입하고 싶은 경우가 아예 없는 것은 아니다. 그 방법이 서툴러서 특히 사춘기 아이들은 어른에게 반발한다.

그럼 어떻게 하면 좋을까? 부탁도 하지 않는 일에 개입하지 말고 그래도 기어이 개입하고 싶다면 뭔가 할 수 있는 일이 있느냐고 묻는 수밖에 없다. 돕겠다는 제의에 흔쾌히 자식이 동의하면 원래는 자식의 과제라도 자식과 부모의 공동 과제가 된다. 공동 과제로 삼는 절차를 무시하고 느닷없이 과제에 끼어들면 협력할 수가 없다.

이는 부모 자식 관계뿐만 아니라 교사와 학생의 관계에서도 문제가 된다. 실제로 그런 부모가 적을지는 모르지만 공부는 자식의 과제라서 자식이 공부하지 않더라도 가만히 지켜보는 것은 가능하다. 하지만 교사는 학생이 공부하지 않는데 학생의 과제이므로 공부하지 않는 책임이 학생에게 있다고 말할 수 없다. 의욕이 없는 학생이 있으면 동기를 부여할 필요가 있다. 또한 약사가 약 복용 지시를 따르지 않으면 환자에게 치명적인데도 약 복용은 환자의 과제이므로 약을 복용할지 안 할지 본인의 의사를 존중한다며 가만히 내버려두면 큰일 난다.

중성 행동은 다음의 세 가지 방법으로 대처할 수 있다. 우선 자연스러운 결말에 맡기는 것이다. 다만 결말이 치명적일 때는 불가능하다. 도로에 갑자기 뛰어들면 차에 치인다는 것은 반드시 경험해야 배울 수 있는 바는 아니다.

아들이 겨울에도 반팔에 반바지로 지내던 시기가 있었다. 양말도 신으려고 하지 않아서 어린이집까지 자전거로 데려다줄 때 지나가는 사람이 저마다 한마디씩 했다. 입을 옷을 아이가 정한다고 말해도 대부분 이해하지 못하는 눈치였다. 남에게 무슨 말을 듣든 그것은 부모가 어떻게든 하면 되지만 부모가 창피하다는 이유로 추울 때는 긴 팔을 입어야 한다고 아이에게 강요할 수 없다. 어느 날 나는 알았다. 아들은 정말 추우면 스스로 두툼한 티셔츠를 꺼내 입는다는 것을. 자립한다는 것은 이런 것이다.

젊은이들은 부모가 과보호를 해서 곤란하다고 말한다. 이것도 자식을 속박하는 것이다. 부모가 과보호하면 자식은 자기 일을 스스로 결정하지 못하게 된다.

비 오는 날 어머니가 비옷을 입고 가라고 잔소리를 했던 것이 생각난다. 초등학교 때의 일이다. 논 한가운데 허허벌판 같은 곳에 나 있는 외갈래 길을 세차게 비바람이 몰아치는 날 걸으면 우산만으로는 홀딱 젖기 일쑤였다. 동네 아이들과 함께 모여서 학교에 갔는데 다 같이 모이는 장소가 동네 한가운데에 있었다. 그곳까지 가는 길은 마치 거짓말처럼 비바람 세기가 약해 아무도 비옷을 입지 않았다. 비옷을 입었다고 누군가 놀린 기억은 없지만 스스로 내 모습이 우습다고 생각했다. 어머니가 비옷을 입고 가라고 강요하는 것을 당시 나는 과보호라고 생각했다. 이런 경험 때문에 나는 부모가 된 후에 과보호를 하지 않겠다고 결심했다.

두 번째 방법은 사회적 결말에 맡기는 것이다. 이를테면 내가 나가는 대학에서는 15회 강의 중 5회를 결석하면 시험을 치를 수 없다. 선생이 굳이 학생에게 결석하지 말라고 잔소리하지 않아도 된다.

다만 결말을 규칙에 맡길 수 있으려면 규칙이 적절하고 적당하게 운영된다는 조건이 필요하다. 규칙 제정에 전원이 참가했는지가 중요한데, 적어도 참가했다는 의식이 있어야 한다. 자신도 모르는 사이에 생긴 규칙은 지킬 수 없다.

다음으로 예외나 특권 계급이 있어서는 안 된다. 규칙을 지키지 않아도 되는 사람이 있으면 지킬 마음이 생기지 않는다. 통금 시간도 마찬가지다. 자녀에게만 통금 시간이 있고 부모에게는 없다면 자녀는 지키고 싶은 마음이 들지 않을 것이다.

세 번째로 앞에서도 살펴본 것처럼 규칙이 공동체 유지와 운용이라는 목적에 맞아야 한다. 현실에는 목적과는 관계없이 그저 어른이 아이를, 교사가 학생을 지배하려는 규칙이 많다.

중성 행동에 대처하는 세 번째 방법은 실제 결말을 경험하기 전에 서로 의논해서 결말을 예측할 수 있도록 도움을 주는 것이다. 이를테면 공부를 하지 않는 아이에게 "이대로 커서 어른이 되면 뭐가 될까?"라고 물어본다. 이 방법은 초등학교에 들어가기 전의 아이에게는 위험하다. 아이들은 아는 것 같으면서도 모르는 경우가 있기 때문이다. 또한 중학생 이상의 아이에게도 이렇게 말하기는 어려울 것이다. 잘못하면 위협하고 비아냥거리는 말투로 들리기 때문이다. 반대로 말하면 그런 식으로 받아들이지 않는 관계를 구축하는 것이 자녀를 양육하는 목표라 하겠다.

우선 이 일은 누구의 과제인가를 가려낼 필요가 있다. 누구의 과제인지 헷갈려 하면 자신의 과제가 아닌데도 남의 과제에 쓸데없이 개입하거나 자신의 과제를 다른 사람에게 떠맡기다가 대인관계를 악화시킨다. 카운슬링에서는 누구의 과제인가를 정확히 정리하는 일부터 시작한다. 정리가 되면 문제는 거의 해결한 것이나 다름없다.

하지만 누구의 과제인지 정확히 판단하는 것이 최종 목표는 아니다. 사람은 혼자서 살 수 없다. 협력하며 사는 것이 최종 목표다. 그러기 위해 과제를 분리한다.

부모는 자식을 어릴 때부터 쭉 지켜봐 왔다. 어린아이는 자력으로 할 수 있는 일이 아무것도 없다. 그래서 부모의 보살핌이 절대적으로 필요하다. 자식을 돌보는 일은 힘들지만 뿌듯함을 느낀다. 부모가 모르는 사이에 자식은 쑥쑥 자라고, 부모의 힘을 빌리지 않아도 웬만한 일을 할 수 있게 된다. 하지만 부모는 그것을 모르거나 알고 싶지 않아서 어느 날 자식의 성장을 확인했을 때 기뻐해야 하는 데도 씁쓸한 기분이 든다. 자립이야말로 자식을 키우는 목표인데도 말이다.

부모는 자식의 성장을 순순히 기뻐하지 못하고 아이 취급을 하면서 한편으로는 이제 어른이라며 종잡을 수 없는 말을 한다. 심지어 실적을 요구할 때도 있다. 젊은이들은 이런 부모의 압력에 아랑곳하지 말고 자신의 인생을 걸어가기 바란다. 자녀 문제로 부모가 상담을 받으러 오면 내가 자녀의 입장을 지지해서 부모가 역정을 내는 경우가 꽤 있다.

한편 평소 부모가 구속하고 있다고 불만을 토로하면서도 어떻게 하면 효도를 할 수 있는지 물어보는 젊은 사람이 있어서 매번 놀란다. 부모에게 반항하는 젊은이라도 사실은 부모에게 반항하고 싶지 않고 사이좋게 지내고 싶어 한다는 것을 부모가 알아주기 바란다.

연로한 부모님이
걱정입니다

멀리 사시는 부모님이 연로해서 불편한 점은 없는지 걱정됩니다. 두 분이 사이좋게 지내고 계십니다만, 제가 어떻게 해야 할까요?

처음 만난 사이라고 생각하라

우선은 도와드릴 일은 없는지 여쭤보는 것부터 시작해야 한다. 실제로 떨어져 살면 할 수 있는 일이 별로 없다. 틈틈이 전화해서 안부를 물을 수는 있지만 그것도 일상생활에 쫓기다

보면 게을러지기에 십상이다. 대부분 돌봐드려야 하는 상황이 되고서야 깨닫게 된다. 현실적인 이야기를 하자면 그때야말로 걱정만으로는 아무것도 할 수 없다. 그때까지는 걱정하지 말고 자기 생활과 일에 충실히 전념하는 것도 하나의 방법이다.

어느 날부터 혼자 사는 아버지가 전화를 걸어왔다. 목소리에 힘이 없고 여기저기 아픈 데가 많다고 앓는 소리를 하셔서 전화를 끊고 나면 언제나 걱정이 되었다.

그런데 그 후 내가 심근경색으로 입원하게 되었다. 돌이켜보면 그 당시 아버지는 건강하셨다. 퇴원할 때 차로 데리러 가겠다는 말까지 했을 정도니까. 아픈 자식을 위해 해줄 수 있는 일이 생겼기 때문에 건강해지셨던 것이다. 자식이 병에 걸려서 건강해졌다는 것을 좋은 사례라고 말할 수는 없지만 더는 자식 때문에 걱정할 일이 없는 것보다는 낫다. 자식을 걱정하면서 더러는 자식이 사는 모습이 탐탁지 않아 노여워하거나 불안해하는 것이 어쩌면 부모를 건강하게 지낼 수 있게 하는지도 모른다.

늙어가는 부모님을 보면 충분하지는 않더라도 앞일을 내다보며 지금부터 할 수 있는 일이 있다. 자식이 열이 펄펄 끓어서 축 처져 있을 때 평소에는 기운이 넘쳐서 힘에 부친다고 생각했지만 어쨌든 지금은 한시라도 빨리 회복하기를 간절히 원한다. 어떻게든 살아 있기만을 바란다. 이런 생각을 아팠을 때만이 아니라 평상시에도 가졌으면 한다.

연로한 부모를 대할 때도 마찬가지다. 무언가 할 수 있는 일의 가치를 인정하고 그것에 주목하는 사람은 어제 할 수 있던 일을 오늘은 못 할지도 모르는 부모에게 말을 붙일 수 없게 된다. 부모가 아무것도 하지 않는 것처럼 보였지만 실상은 어딘가 가족 관계가 복잡하게 꼬여 있을 때 가족을 든든히 받쳐주고 있었다. 말하자면 가족을 통합하는 상징이었다는 사실을 돌아가신 다음에 무릎을 치며 알게 되는 경우가 있다.

생산성으로 인간의 가치를 운운하는 사람은 나이 들어 자신이 아무것도 할 수 없게 됐을 때 비참해서 현실을 외면하려고 마음먹는다. 치매 증상의 심리적 배경이 여기에 있다. 그러므로 부모의 헌신을 가족이 알아주고 그것에 주목해서 대화를 나누어야 한다. 건강해서 기쁘다는 말을 적어도 지금은 할 수 있다.

아버지는 그 후로 혼자서 살지 못하고 간호가 필요하게 되었다. 어머니와 사반세기를 살고 내가 태어나 자란 집으로 돌아왔지만 과거의 일을 깡그리 잊어버렸다. 자식 입장에서 보면

켜켜이 쌓인 갈등이 아직 해결되지 않았는데 일방적으로 과거의 일을 잊어버리다니 공평하지 않다고 생각했다. 아버지가 지금까지의 일을 잊어버린 것이니만큼 나도 과거의 일을 잊고 대할 수밖에 없다. 지금은 아버지가 나를 기억해주지만 설령 나를 몰라보더라도 아버지를 다르게 대할 필요가 없다. 오늘 이 사람과 나는 처음 만난 사이라고 생각하면 된다.

　이것이 쉽지 않다는 것을 안다. 오늘 나는 이 순간에 이 사람과 처음 만났다고 생각하고 하루를 시작하자. 이제 더 이상 과거는 없다. 가능하면 빨리 관계를 개선해서 부모와 돈독한 사이가 되도록 노력해두면 간병이 필요할 때 심리적 부담감이 달라질 것이다. 물론 준비되지 않는 채로 돌봐야 할 날이 오더라도 결코 늦은 것은 아니다.

자꾸만 엇나가는
아이 때문에 걱정입니다

고등학교 3학년 아들과 1학년 딸을 둔 엄마입니다. 딸은 중학교 때부터 학교에 가지 않고 나쁜 짓을 하고 다녔습니다. 경찰에 몇 번이나 불려갔고 한눈에도 알아볼 만큼 비행 소녀 차림입니다. 아들은 딸과는 정반대로 성실하고 명문 고등학교에 진학하여 매일 열심히 공부하고 있습니다. 부모 말을 잘 듣는 아들은 가치관이 완전히 다른 여동생이 학교에 가지 않고 밤늦게까지 놀러 다니면서 집에 들어오지 않는 것을 못마땅하게 생각합니다. 그래도 최근에는 별 말을 하지 않았더니 딸이 집에 들어오기도 해서 마음이 놓입니다. 하지만 부모가 안 보는 곳에서 아들이 음침하게 여동생을 괴롭히고 있습니다. 앞으로 딸을 어떻게 대하면 좋을지 모르겠습니다. 아들이 딸처럼 막 사는 길을 선택하지 않을까도 걱정입니다. 어찌해야 할까요?

자식 문제에 부모는 개입할 수 없다

유감스럽게도 부모가 할 수 있는 일은 별로 없다. 전부 자식의 과제라서 그렇다. 딸이 현재 학교에 다니지 않는 문제나 앞으로 어떻게 살지는 딸이 스스로 결정할 일이다. 어떤 선택을 하더라도 최종 책임은 딸이 질 수밖에 없고 부모가 대신 떠맡을 수 없다. 원칙적으로 자식의 과제에 부모는 개입할 수 없다.

오빠와 여동생의 관계도 역시 그들의 과제다. 몰래 괴롭힘을 당할지라도 딸이 스스로 해결해야 할 문제고, 만일 딸이 도와달라고 도움을 청하지 않으면 부모는 관여할 수 없다. 아들이 지금은 명문 고등학교에 다니고 있지만 동생이 되는 대로 막 사는 모습을 보면서 아들 자신도 그렇게 따라 살고 싶어 할지도 모르는 일이다. 이대로 성장하면 순조로운 인생의 길을 걸어갈 테지만 설사 아들의 앞날에 인생의 레일에서 벗어나는 일이 일어날지라도 그 또한 아들의 과제다. 부모가 관여할 수 있는 일은 원칙적으로 아무것도 없다.

그렇다고 부모가 자식에게 할 수 있는 일이 전혀 없지는 않다. 요즘 딸은 집을 돌아오는 곳이라고 생각할 것이다. 그것이 매일이 아니라서 문제이긴 하지만, 지금 할 수 있는 일은 가끔이라도 딸이 집에 얼굴을 내비칠 때 함께 시간을 보내는 것이 아닐까?

가끔만 집에 들어오는 것이 좋은가 나쁜가 하는 문제가 아니다. 외박하는 딸과는 시간을 같이 보낼 수 없다는 점이 문제다. 지금 여기에 있는 아이, 집에 돌아온 딸하고만 시간을 같이 보낼 수 있다는 점에서 무엇을 할 수 있을지 생각해야 한다.

기껏 집에 돌아왔는데 된통 야단을 맞는다면 다시는 집에 돌아오고 싶지 않을 것이다. 야단은 치지 않지만 외박한 일을 자꾸 입에 올리면 아이는 마치 바늘방석에 앉아 있는 기분이 들 것이다. 아무튼 집에 돌아왔으니까 "오랜만이야" 하고 말을 건네거나 기왕이면 집에 돌아온 딸에게 초점을 맞춰 말을 붙여보면 좋다. 딸의 얼굴을 봤을 때 느낀 감정을 솔직히 말로 표현하는 것이다. 딸이 집에 돌아와서 기쁘고 또 돌아오기를 간절히 기다리고 있었다면 그 마음이 고스란히 전해지리라.

이때 부모는 자신의 기분을 말하기만 하면 된다. 그것을 들고 딸이 외박을 줄여야겠다고 생각할지 이제 외박을 그만해야 겠다고 생각할지 그 결정은 딸의 몫이다. 부모가 자신의 감정을 솔직히 표현했다고 해서 딸이 다음에 빨리 집에 돌아오지 않을까 내심 기대를 걸고 말을 하면 부모의 속셈이 고스란히 딸에게 전해진다. 정녕 딸이 집에 돌아온 것이 기쁘다면 그저 기쁘다는 말만 하면 된다.

"별 말을 하지 않았더니 요즘 딸이 집에 돌아오기도 한다"는 데는 이유가 있다. 예전에는 집에 돌아오면 뭐 하고 다녔느냐고 꼬치꼬치 캐물었을 것이다. 이런 상황에서 아무 말도 하지 않는 부모는 없을 테니까.

아이는 무시당하는 것을 가장 싫어한다. 집에 돌아왔을 때 누구 하나 반기는 이가 없으면 속상할 것이 분명하다. 가정이든 학교든 여기 있어도 괜찮다는 느낌을 누구나 받고 싶어 하고 갈망한다. 그런 느낌을 받지 못하면 어떻게든 자신의 존재를 인정받고 싶어 안달하게 된다. 아들러 심리학에서는 여기에 있어도 좋다고 느끼는 마음을 '소속감'이라 칭하고 인간의 가장 기본적인 욕구라고 했다.

소속감을 느끼기 위해 처음부터 부모를 난감하게 하는 말썽을 부리지는 않는다. 말을 잘 들으며 생활하는 것을 부모가 당연시하면 그때 아이는 부모를 난감하게 하는 짓을 한다. 하다못해 야단을 맞아서라도 부모의 관심을 얻고 가정에서 자신의 자리를 확보하려 한다.

가령 아이가 집안일을 해도 부모가 칭찬은커녕 집안일 따위 안 해도 괜찮으니 공부나 열심히 하라고 윽박지르는 경우가 그렇다. 만일 그 아이가 부모가 기대하는 만큼의 성적을 받는다면 이야기는 달라진다. 하지만 부모의 기대에 부응하지 못하면 아이는 부모의 눈에 문제로 비칠 만한 행동을 시작한다.

집에 돌아왔을 때 부모에게 야단을 맞으면 아이는 무시당하는 것보다는 낫다고 생각한다. 그래서 아이는 집에 돌아왔을 때 야단을 맞아서라도 주목을 받고 싶어서 야단을 치면 칠수록 외박을 반복한다.

만약 아이가 외박한 일에 대해 부모가 아무 말도 하지 않고 그 대신 집에 돌아왔을 때 "네가 돌아와서 기쁘다"고 반긴다면 아이는 적잖이 당황할 것이다. 예전과 달리 환하게 아이를 맞아주면 관심을 끌기 위해 일부러 말썽을 피우지 않아도 부모가 자신을 생각하고 있다는 것을 깨닫는다. 머지않아 아이의 행동은 바뀐다.

앞에서 언급했듯이 애석하게도 자식의 과제에 부모가 할

수 있는 일은 별로 없다. 부모는 아이가 학교에 가든 안 가든, 앞으로 인생을 어떻게 꾸려가든 모두 아이가 결정할 일임을 인정하고 아이의 과제에 개입하지 말아야 한다. 그런 다음 지금 할 수 있는 일이 무엇인지 생각한다. 만일 지금 말도 못 붙일 정도로 아이가 예민한 상태라면 아무것도 하지 않는 것이 지금 할 수 있는 최선의 일이다. 아무것도 하지 않고 조금 거리를 두면 도리어 관계가 좋아지는 계기가 되기도 한다. 다만 지금은 그렇다는 것이고 나중에 관계가 변하고 상황이 변하면 해야 할 일이 무궁무진하다.

자식이 학교에 가지 않는 것은 자식의 과제이긴 하나 나하고는 관계없다거나 내 인생도 아닌데 아이가 어떤 인생을 살든 내 알 바 아니라고 비정하리만큼 딱 잘라 선을 긋는 부모가 있다. 분명히 학교에 가고 안 가고는 자식이 스스로 결정한 일이고 자식이 학교에 가지 않는 것이 부모에게 직접 책임이 있는 것은 아니다. 하지만 반발하거나 말썽을 부려서라도 부모를 곤경에 빠뜨려 관심을 끌려고 학교에 가지 않는 일은 하지 않도록 해야 한다. 부모는 자식과 원만한 관계를 맺으려 부단히 애쓰는 존재다.

부모는 자식이 직면한 과제를 도울 수 있고 반드시 도와줘야 할 때가 있다. 장래의 진로 문제가 그렇다. 서로 터놓고 말하는 부모 자식 관계가 되기 바란다.

15살이 될 때까지 학교에 가지 않은 아이가 있다. 15살이 되었을 때 그 아이의 부모는 아이가 이 지경인데 부모가 손을 놓고 가만히 있어서는 안 된다고 생각했다. 어느 날 A4 용지 2장에 아이의 근황을 정리하여 "이것을 학교 아이들에게 나눠 주려고 하는데 어떨까요?" 하며 내게 찾아왔다. 아이는 아직 모르는 일이라고 하기에 나는 먼저 아이에게 이 글을 배포해도 괜찮겠냐고 물어보라고 조언했다.

"엄마 하지 마."

아이는 단박에 거절했다. 하는 수 없이 부모는 단념했지만 이 일이 있고 나서 부모와 아이의 관계가 눈에 띄게 달라졌다. 그 아이는 부모가 자신에게 관심이 있음을 그때 비로소 알게 된 셈이다. 그때까지 부모가 자신을 완전히 방치하고 감싸주지 않는다고 생각했는데, 이 일을 계기로 부모가 자신에게 관심이 없지 않았다는 것을 새삼 깨달았다.

부모는 그 리포트를 담임선생님에게 보여주었다. 담임선생님은 여름 방학하는 날 아침에 반 아이들을 데리고 집으로 찾아왔다. 오늘 방학식을 하니까 같이 학교에 가자고 했지만 아이는 선생님의 제안을 거절했다. 선생님은 반 아이들에게 이렇게 말하며 돌려보냈다.

"이제 시간 다 됐으니까 먼저 학교로 가라. 난 나중에 갈 테니."

학교로 다시 돌아가는 반 아이들을 따라잡기라도 하듯 집에서 뛰어나온 아이는 "다들 정말 고마워. 오늘 와줘서 고마워"라고 몇 번이고 손을 흔들며 배웅했다.

이 일은 아이에게 커다란 터닝 포인트가 되었다. 아이는 2학기부터 학교에 가기 시작했다. 부모가 관심이 있지만 바로 손 내밀지 않고 지켜보는 거리를 둔 것이 되레 다행이었다. 아이가 하는 행동을 빤히 알고 있으면서 개입하고 참견하지 않기란 그리 간단한 일이 아니다.

부모가 자식을 평범하게 야단치고 칭찬하며 키우면 자식들은 경쟁 관계가 된다. 공부 잘하는 오빠를 둔 여동생은 공부에 흥미를 느끼지 못할지도 모른다. 만일 공부로 오빠를 이길 가능성이 있다면 오빠에게 도전할지도 모르지만 이길 승산이 없으면 공부를 포기해버린다.

이 질문에서처럼 아들이 명문 학교에 다니고 성적이 우수하면 딸은 자신이 기를 쓰고 공부해도 오빠를 이길 수 없다고 생각한다. 부모가 아이마다 재능이 다르다는 것을 인정하고 딸이 음악이나 예술, 혹은 스포츠 같은 다른 분야에 관심을 가질 수 있도록 이끌어줘야 한다. 그러면 더는 두 아이가 경쟁할 필요가 없어진다.

하지만 부모가 공부 잘하는 것만을 최고의 가치라고 생각하면 그런 부모의 기대를 만족시키지 못하는 딸은 어떻게든 부모의 관심을 끌기 위해 부모가 난감해 하는 행동을 한다. 부모는 그때까지 아들에게 쏟았던 관심을 딸에게 돌릴 수밖에 없으므로 결국 딸은 부모의 시선을 끄는 전략에 성공한 셈이다.

공부를 잘하는 것만이 가치 있다고 생각하는 부모에게 아이의 등교 거부는 커다란 타격이다. 어찌 됐든 아이가 학교에 가지 않는 상황을 만들지 않도록 해야 한다. 물론 부모가 관심을 가져도 학교에 가고 안 가고는 아이가 결정할 일이다. 공부에 가치를 부여하지 않는다고 아이가 꼭 학교에 가리란 보장은 없다.

부모의 관심을 끌기 위해 구태여 나쁜 행동을 하지 않아도 부모가 제대로 자신을 보고 있음을 아이가 알도록 해야 한다. 우선 부모는 잔소리를 그만하고 집으로 돌아온 아이에게 고생 많았다며 따뜻한 차라도 내주어야 한다. 며칠이나 외박했는데 아무것도 묻지 않으면 오히려 아이는 마음이 불편할지도 모른다. 비록 오랜만에 집에 돌아왔지만 지금 여기에 내가 있는 곳으로 돌아와서 내 앞에 있으니 눈앞에 있는 이 아이와 같이 지낼 일을 생각하는 것이 중요하다.

앞으로의 일은 잘 알 수 없지만 내일 일은 생각하지 않아도 된다. 딸도 집에 돌아오면 반겨주는 부모가 있고 자신의 보금자리가 있는 이 집이 편하게 느껴지면 내일 다시 집에 돌아올 것이다. 하다못해 부모가 잔소리만 하지 않아도 부모 자식 관계를 바꾸는 계기가 된다. 학교에 가지 않고 외박하는 것이 괜찮다는 말이 아니다.

나에게 미국 소설가 폴 벤저민 오스터를 가르쳐준 한 젊은 이가 있다. 그는 중학교 때부터 이래저래 10년 정도 집에만 틀어박혀 지냈다고 한다. 어느 날 그가 외투 주머니 안에서 국어 사전을 꺼냈다.

"실은 이래서는 안 되는데 한자 사전 찾는 법을 몰라서 음을 모르는 한자가 나오면 이걸로 찾아봐요."

학교에서 공부하기는 힘들지만 사전 없이도 책을 읽을 수 있게 되고 그 밖에도 학교에서 배울 수 있는 것은 무궁무진하다. 학교에 가야만 배울 수 있는 것이 있다는 사실도 염두에 두기 바란다.

학교에 가지 않아서 불편을 겪는 에피소드를 소개했지만 학교에서 배우지 못한 것을 앞으로의 인생에서 배울 기회가 전혀 없다는 말은 아니다. 배우는 시기가 약간 늦어질 뿐이다. 몸뚱이만 학교에 가 있는 사람보다 다소 배우는 시기는 늦어져도 흥미 있는 분야가 생기면 더욱 깊이 배울 수 있을지도 모른다.

어찌 됐든 현실에서 지금 아이는 학교에 가지 않고 있다. 이상 속의 아이, 다시 말해 지금 학교에 다니는 아이들을 기준으로 현실의 내 아이를 마이너스라고 생각하지 말자. 학교에 가지 않더라도 혹은 학교에 가든 안 가든 관계없이 아이가 살아 있으니까 말이다. 적절한 표현은 아니지만 이 살아 있는 상태를 제로라고 생각하면 다른 어떤 일도 플러스로 보일 것이다.

두세 달 정도 학교에 가지 않은 아이의 부모는 혼란 상태에 빠지지만, 5~10년이나 집에만 틀어박혀 지내는 아이의 부모는 달관하고 있다. "이 아이 덕에 남의 아픈 마음을 헤아릴 수 있게 되었어요. 내가 아이에게 배웠죠."라고 말하기도 한다.

"아들이 어렸을 때 심한 말을 한 적이 있어요. 초등학교 3~4학년쯤에 학교에서 왕따를 당하고 집에 왔는데 그때 사내 자식이 울면 못 쓴다고 마구 야단쳤지요. 지금 생각하면 너무 심했던 것 같아요."

어느 부모나 정성을 다해 자식을 키우기 때문에 그 시점에서 할 수 있는 최선을 한 셈이다. 그것이 어떤 결과를 초래할지는 나중 일이고 그때는 그럴 수밖에 없었다. 분명한 것은 지금 그때로 돌아가서 다시 아이를 키울 수 없다는 점이다.

아들에게 사과하는 것도 괜찮은 방법이다. 아이가 예전 일을 말하면서 부모에게 사과하라고 요구하는 경우도 있다. "남편은 그것만은 절대로 못 하겠대요."라고 말하는 이도 있었다. 사과만 한다고 해서 부모 자식 관계가 바뀌지는 않지만 앞으로의 관계가 달라지는 계기는 된다. 다른 아이들은 학교에도 가고 취직도 하는데 너는 왜 그러느냐고 묻고 싶은 마음이 목구멍까지 차올라도 참아야 한다. 감정적이 되지 않더라도 잘잘못을 따지고 옳음에 집착하면 자식과 권력 싸움을 하게 되고 권력 싸움을 하는 한 자식과의 관계는 변하지 않는다.

○

자식이 커갈수록
왠지 서운하네요

○

자식이 점점 부모 품을 벗어납니다. 기쁜 일이지만 왠지 서운해요. 어떻게 하면 좋을까요?

실제로는 기쁘지 않은가?

중학교 시절 3년 내내 집안에만 틀어박혀 지낸 남자아이가 있었다. 3학년 2학기 12월경에 그 학생의 엄마가 상담을 받으러 와서 아들이 올 초에 집을 나갔다고 했다. 12월에 와서 올 초에 집을 나갔다니 무슨 영문인지 몰라 재차 물었더니 정말 올 초에 나갔다고 말했다. 실은 그해 1월부터 쭉 바깥에 나가지 않고 집안에만 틀어박혀 지낸 것이다.

"그래서 어디로 갔나요?"

"서점에요."

엄마는 서점에서 컴퓨터 잡지를 사 왔다는 아들의 이야기를 듣고 집에 컴퓨터가 있다는 사실을 알았다. 엄마에게 인터넷을 아느냐고 물었더니 처음 듣는 말이라고 했다. 지금과 달리 인터넷 접속이 아직 일반적이지 않았을 때다.

"아드님은 분명 알고 있을 테니 집에 가면 물어보세요. 재미있습니다. 모르는 사람하고 메일 교환이 가능해요."

부모는 처음 듣는 이야기에 놀라 집에 가자마자 아들에게 알려주었다. 인터넷에 접속할 수 있게 되자 아이는 마침내 5~6명의 사람들과 메일을 주고받기 시작했다. 그중에 우연히도 야간 고등학교 선생님이 있었는데 그분과 메일을 주고받는 와중에 그 학교에 흥미를 갖기 시작했다. 어느 날 아이는 엄마에게 말했다.

"나 고등학교 갈래."

아이 엄마는 아이가 고등학교에 가겠다는 말을 꺼냈을 때 별로 기쁘지 않았다. 머리가 지끈거리고 다리가 후들후들 떨리고 현기증이 났다. 말로는 자식이 고등학교에 간다고 해서 기쁘다고 말했지만 몸은 속일 수 없었다.

"어머니께서는 아이가 싫으니 어쩌니 하면서도 쭉 집에 있을 거라고 생각했을 겁니다. 하루빨리 다른 아이들처럼 학교에 가기를 원했는지도 모르고요. 어쩌면 이대로 계속 이 아이가 집에 있지 않을까 생각하진 않았나요?"

이렇게 말하자 바로 짚이는 데가 있는 듯했다.

"아이가 외출도 하고 학교에 간다고 했을 때 이대로 쭉 집에 있을 거라는 기대를 저버려서 굉장히 충격을 받았습니다."

만일 부모가 이리저리 손을 써서 "아는 사람 중에 야간 고등학교 선생님이 있는데 소개해줄까?"라든가 "한번 만나봐라" 하고 빈틈없이 착착 준비해서 아이가 부모의 제안대로 선생님을 만나고 이내 선생님의 영향을 받아 학교에 가게 된 상황이었다면 부모는 만족했을 것이다.

하지만 현실에서는 부모가 모르는 곳에서 아이가 추진하고 멋대로(부모 생각에) 자신의 인생을 결정했다. 부모는 그 사실을 당장에는 받아들이기 힘들었다. 그래서 나는 납득할 때까지 시간이 걸릴 테니 그때까지는 증상이 멈추지 않을지도 모른다고 말해주었다.

자식이 부모로부터 독립하는 것이 자식을 양육하는 최종 목표다. 처음에는 부모의 도움 없이는 살아갈 수 없지만 자식도 언젠가 자립해야 한다. 하지만 부모는 자식을 자립시키는 일을 할 수 없다.

가령 부모가 적극적으로 몰아붙여서 자식이 자립할 수밖에 없었다면 자식의 입장에서는 '자립'이 아닌 '타립'이 된다. 자식은 부모가 생각조차 할 수 없는 방법으로 부모의 품을 벗어난다.

자식의 자립을 인정하고 싶지 않은 부모는 자식의 자립을 순순히 기뻐하지 못하고 화내거나 슬퍼한다. 하지만 이러한 감정은 부모 스스로 감당할 수밖에 없고 자식이 할 수 있는 일은 아무것도 없다.

자식이 부모가 반대하는 결혼을 하겠다며 부모와 옥신각신하는 일이 종종 있다. 부모가 자식에게 그런 사람과 결혼하면 속상해서 죽을 것 같다고 으름장을 놓아도 자식은 그렇다면 인연을 그만 끊자고 냉정하게 말할 수밖에 없다. 이렇게까지 말하는 사람은 없겠지만 괴로워 죽겠다며 부탁이니 그런 사람과 만나지 말라고 부모가 애원하더라도 자식은 아무것도 할 수 없다.

나는 전업주부인 어머니에게 일을 하시라고 권한 적이 있다. 일하는 것이 경제적으로 메리트가 있을지 없을지 잘 모르겠지만 일 다니는 동안이라도 자식을 잊을 수 있다면 그것만으로도 커다란 메리트다.

오랫동안 집안에만 틀어박혀 지내는 아이의 부모가 큰 결심을 하고 파트타임 아르바이트를 시작했다. 잠시 일하는 모습을 엿보러 갔더니 집에 있는 것보다 100배는 즐겁다고 말했다. 부모가 자신의 인생을 즐겁게 사는 것과 어떤 난관이 있더라도 자식이 자기 인생을 사는 것은 완전히 별개의 문제임을 부모가 먼저 받아들여야 한다.

제가 달라지면
아이도 달라질까요?

아이는 초등학교 6학년 여자아이인데, 4학년 때 부모의 전근으로 전학을 갔습니다. 5학년 때는 아파서 학교에 전혀 다니지 못했지만 요즘에는 학교 보건실에 갈 수 있게 되었습니다. 하지만 학교에 가서도 수업을 듣지 않는 것이 이해가 안 됩니다. 요전에는 학교에서 아이가 배가 아프다고 한다며 집에 보낸다는 연락이 왔습니다. 거짓말임을 알았지만 약 먹고 좀 자라고 말했습니다. 그런데도 아이의 얼굴을 보니 화가 나서 참을 수가 없더군요. 머리로는 화내서는 안 된다는 것을 알고 있습니다. 어떻게 하면 아이와 좋은 관계를 만들 수 있을까요? 아울러 제가 변하면 아이도 변할 것 같은데 오만한 생각일까요?

내가 바뀌면 자식도 달라질 것이라고 많은 부모가 입을 모아 말한다. 내가 바뀌어도 자식이 달라지지 않으면 화가 난다. 하지만 자식을 변화시키려고 나를 바꾸는 것이 아니다. 그저 내가 바뀌면 된다.

한편 자신을 심하게 탓하는 부모도 있다. 아이가 이렇게 된 것은 내 탓이라고 말한다. 심지어 마치 범인을 찾듯 아이가 이렇게 된 것은 누구 탓일까 골똘히 생각하는 사람도 있다. 스스로 내가 나빴다고 말하는 사람이 나중에 원만하게 이야기를 풀어갈 수 있다.

하지만 나 때문에 자식이 문제아가 됐다고 생각하는 것은 잘못이다. 만일 그런 부모의 자식이 성공하면(무엇을 기준으로 성공이라 말할지 어려운 문제지만) 부모는 내 덕에 성공했다고 할지도 모른다. 그렇지 않은데도 말이다. 자식이 스스로 노력했기 때문에 성공한 것이다. 자식이 문제를 일으킨 것이 내 탓이라고 말할 정도로 부모가 지배적이 되어서는 안 된다.

자식은 부모 탓에 이렇게 된 것이 아니라 어디까지나 부모의 영향을 받은 것에 불과하다. 부모가 자식에게 미치는 영향력은 크다. 그러므로 자식을 대하는 방식을 개선해야 한다. 부모가 이 점을 인정하고 자신이 달라져야겠다고 노력하는데도 자식이 전혀 태도를 고치지 않으면 부모는 금세 공격적으로 돌아선다.

내가 자식을 변화시키기 위해 바뀌는 것이 아니라 그저 내가 바뀔 뿐이고 부모의 태도 변화에 따라 자식이 바뀔지 아닐지는 모르는 일이다. 부모의 변화와 자식의 변화 사이에 인과 관계는 없다. 자식이 바뀔지 바뀌지 않을지는 자식 스스로 선택한다는 사실을 먼저 알아두기 바란다.

머리로는 알고 있는데 잘 안 된다는 말을 자주 듣는다. 하지만 정말로 알고 있다면 안 될 리가 없다. 알지 못하는 것보다는 알고 있는 것이 바람직하긴 하지만 말이다.

우선 화를 내면 상대와 관계가 멀어진다는 점을 알아야 한다. 화라는 감정에 관해서는 앞에서도 여러 번 언급했듯이 사람과 사람을 갈라놓는다. 관계가 멀어지면 자식을 도와줄 수가 없다. 화내는 사람을 잘 따른다고 한들 그 사람이 좋아서 자발적으로 따르는 것은 아니다.

"거짓말임을 알았지만"이라고 했는데 여기서는 배 아프다는 말을 그대로 받아들여도 된다. 아이가 거짓말하는 건 아닐까 하면서 아이의 마음을 읽으려 하지 말고 그저 아이가 하는 말만 믿고 상대해야 한다. 물론 거짓말하는 것이 좋다는 뜻은 아니다. 배 아프다는 말이 거짓말이라면 아이는 거짓말이라도 해야 학교에서 벗어날 수 있다고 생각한 것이다. 그러므로 거짓말할 필요가 없는 관계를 쌓는 것이 더 중요하다.

휴일에 신나게 놀고 나서 월요일 아침이 되면 배가 아프다며 어린이집이나 학교에 가지 않으려고 징징대는 아이가 많다. 어쩌면 배가 아프다는 말이 거짓말일지도 모른다. 나는 아이가 배 아프다는 말을 꺼내면 "어떻게 할까?" 하고 묻곤 했다. 늘 묻는 말이라서 아이도 어떻게 대답할지 잘 알고 있다.

"학교에 전화해줘."

학교는 아이 본인이 전화로 안 가겠다고 연락할 수 없는 곳이어서 부모가 전화해야 한다. 어떻게 말하면 좋을지 아이에게 물었다.

"뭐라고 말할까?"

"배 아파서 쉰다고 말해줘."

그래서 내가 학교에 전화했다.

"오늘 배 아파서 학교를 쉰다고 합니다."

집에서 쉬게 하겠다고는 말하지 않는다. 학교를 쉬게 할 생각은 없으니까. 그저 나는 아이가 말한 대로 전한다. 대개 전화를 받는 선생님은 놀라지만 나는 메신저이므로 아이의 말을 대신 전하기만 할 뿐이다. 학교에 결석한다고 전하자 아이는 떳떳하게 그날 학교를 쉴 수 있었다. 그때까지 아팠던 두통과 복통이 말끔히 사라진 듯했다. 부모는 팔팔해진 아이를 보고 당황하며 이제 괜찮아졌으니 학교에 가라고 말하고 싶어진다. 아이는 정말 두통과 복통이 있었을 것이다. 아픈 증상은 학교를 쉬기 위해 필요한 것이지만 정작 학교를 쉴 수 있게 되자 더는 아픈 증상이 필요 없어졌을 뿐이다.

알다시피 자식이 아프다는 구실을 대지 않아도 되게끔 부모가 자식에게 말해두면 된다. 학교를 쉬고 싶을 때는 굳이 아프지 않아도 된다고 말이다. 이를 제안하는 이유는 학교에 가고 안 가고는 자식이 결정할 일이기 때문이다. 학교에 가지 않아도 된다는 말은 아니지만 학교에 가서 공부하는 사람은 자식이므로 부모에게 떠밀려서 가는 것이 아니라 자발적으로 가기를 바란다.

자식이 학교에 가지 않으면 어느 부모나 예외 없이 이 아이를 학교에 보내달라며 상담소에 찾아온다. 이 상담에는 응할 수 없다. 아이가 함께 오지 않았기 때문이다. 아이와 함께 상담을 받으러 오면 학교에 가고 안 가고의 문제가 카운슬링의 주제가 된다.

보통 부모만 상담받으러 올 때는 자식이 학교에 가지 않더라도 그 때문에 애태우지 않고 지내는 방법, 학교는 가지 않지만 집에 있는 아이와 싸우지 않고 사이좋게 지내는 방법 등 아이와 관계를 개선하기 위한 내용이라면 기꺼이 상담에 응한다.

카운슬링을 시작하면 자식과의 관계가 변한다. 얼굴을 마주칠 때마다 "학교에 가라", "이제 슬슬 학교 갈 때가 되지 않았느냐" 같은 말만 되풀이하던 부모가 학교 이야기를 아예 입 밖에 내지 않으면 그것만으로도 자식은 놀란다.

"우리 아이는 집에 있을 때 대개 기분 좋게 지내요. 근데 학교 이야기만 나오면 갑자기 짜증을 냅니다."

부모가 하소연한다. 당연히 그럴 수밖에 없다. 자식이 짜증 내거나 화내는 것은 아침에 늦게 일어났을 때 실은 좀 더 일찍 일어나야 했는데 일어나지 못한 책임이 자신에게 있다는 것을 알아서다. 부모 앞에서 그냥 못 일어났다고 말해도 될 것을 자신의 책임을 순순히 인정하고 싶지 않아 왜 안 깨웠느냐고 짜증을 내는 것이다. 부모도 이에 지지 않고 "몇 시인데 그래?"라고 쓸데없는 말을 보태서 아침부터 싸우게 된다. 자식이 씩씩

대더라도 가만히 놓아두는 것이 상책이다.

기분이 좋을 때는 학교 이야기를 하지 말고 아이가 좋아하는 게임이나 뮤지션 이야기라도 해본다. 그것이 대화의 실마리가 되어 아이가 생각하기에 자기 부모도 조금은 이야기가 통한다고 느끼면 관계는 변한다. 이때도 좋은 관계를 만들 요량으로 자식이 좋아하는 이야기만 해서는 자식에게 속마음을 들킬 수 있다. 자식이 관심 있는 분야에 관심을 두고 이야기를 들으면 재미있다.

이윽고 자식이 부모의 변화를 보고 어딘가 다르고 뭔가 이상하다며 상담을 받으러 올 때가 있다. 부모의 상담을 종료한 지 2년 정도 지난 어느 날 상담소를 찾아온 아이가 있었다.

"상담하고 싶은 일이 있어요."

그때 비로소 앞으로 인생을 어떻게 살 것인가에 관해 카운슬링을 시작할 수 있었다. 자식이 부모에게 이런 상담을 요청할 수도 있지만 학교에 가고 안 가고나 앞으로 인생을 어떻게 살 것인가는 자식의 과제다. 두말할 나위도 없이 부모가 자식을 대신해서 살 수 없으므로 자식의 상담에 응하더라도 부모는 자식에게 이렇게 하라고 지시할 수 없다. 만약 지시한다면 두 번 다시 부모에게 상담을 청하는 일은 없을 것이다.

앞으로 어떻게 할 것이냐는 문제에 바로 답이 나오지 않고 자식에게 눈에 띌 만한 변화가 일어나지 않더라도 부모가 더는 자식 일로 고민하지 않으면 커다란 첫발을 내디뎠다고 할 수 있다. 자신 때문에 고민하는 부모를 보고 과연 자식이 무엇을 느낄까? 혹은 고민하는 부모를 보고 자식이 무엇을 배울까? 부모가 고민하면 자식이 마치 적처럼 느껴진다.

학교에 가지 않는 자식을 둔 부모가 바깥에서 밝고 씩씩하게 생활하면 자식이 학교에 안 가는데 어쩌면 그렇게 씩씩할 수 있느냐고 수군거릴지도 모른다. 고민하는 이유는 그런 말이 듣기 싫어서다. 고민하면 다른 사람들에게 동정받을 수 있지만 자식을 적으로 돌리게 된다. 나는 제대로 키웠는데 자식이 나쁘다고 세상에 대고 떠벌리는 셈이기 때문이다. 자식과의 관계가 좋아질 리 없다.

아이들은 고민하지 않는 부모를 보면 죄책감을 느끼지 않는다. 학교에 가지 않는 아이는 착하다. 남의 마음에 상처 주는 말을 예사로 하는 아이가 아니다. 학교는 꼭 가야 하는 곳이라고 철석같이 믿는 아이와 달리 여러 가지로 너무 빤히 들여다

보여서 학교에 갈 수 없게 된 것이다. 착한 아이는 부모가 고민하는 모습을 보면 마음이 아프다. "엄마가 행복해 보이는 게 좋아? 고민하는 게 좋아?" 하고 물으면 대개 이런 대답이 돌아온다.

"굳이 엄마가 고민하지 않아도 돼요. 그냥 행복하게 지내는 모습을 보면 기분 좋아요."

그러니 부모는 당당하고 밝고 씩씩하게 지내면 된다.

가족이 7명입니다. 아들 하나와 딸이 둘 있습니다. 큰아들과 막내딸은 사립학교에 다니고 둘째 딸은 공립 중학교 3학년입니다. 큰아들과 막내딸은 공부를 잘합니다. 남편은 교사이고 시아버지와 시어머니도 교사라서 공부 잘하는 것을 최고로 칩니다. 학교에 가고 싶지 않다고 말했다가는 된통 야단맞을 거예요. 그런데 둘째는 중학교 2학년 때 학교에 가지 않겠다는 말을 하더니 요즘은 담배를 피웁니다. 남편에게는 비밀로 하고 있지만 늘 조마조마합니다.

주변이 모두 교사라는 부담감을 딸이 느끼고 있다. 이 때문에 대입시험을 망치는 일이 있더라도 그것은 딸의 책임이다. 설사 그런 일이 일어난다 해도 도와줄 필요는 없다. 부모가 손을 내밀지 않아도 자식이 스스로 해나갈 수 있다는 신뢰감을 가져야 한다. 주변에서 이러쿵저러쿵 말할지라도 그것은 딸과 다른 가족의 과제이고 엄마인 당신과는 직접 관계가 없다.

만일 딸의 일에 관여하고 싶다면 "네가 괴롭고 힘들면 말해라. 도울 수 있는 일이 있으면 도와주마"라고 말할 수 있다. 하지만 딸이 엄마에게 가족을 설득해서 자신을 나쁜 애 취급하지 말아 달라고 부탁해도 들어주기 어려울 것이다. 기껏해야 딸의 메신저 역할이나 가능할 뿐이다. 딸이 한 말을 그대로 전할지언정 딸 대신에 딸의 과제를 해결하지 않는 것이 좋다.

어떤 가정에서 자랐든 부모가 어떤 가치관을 따르든 그와는 관계없이 대학시험에 실패해서 힘들어할 때는 도움을 줄 수 있지만, 아직 아무 일도 일어나지 않았는데 딸이 힘들지도 모른다며 미리 나서서 도와줄 필요는 없다. 무슨 일이 있으면 말하라고 당부한 다음 당장은 아무 말도 하지 않는 것이 좋다.

아들러 심리학은 결코 방임을 권하지 않는다. 가끔 오해하여 무질서한 방임 상태가 되어버린 가정도 있다. 자식을 키우는 목표는 자식의 자립이므로 자식이 자력으로 해결하도록 지지해줄 수는 있어도 본디 자식의 과제이니만큼 스스로 해결할 일을 부모가 대신해주면 자식은 자꾸 의존하게 된다. 자식이 곤란한 일을 저질러도 그것을 부모의 책임이라 생각하며 나서서 도와주려는 생각일랑 머릿속에서 말끔히 지워라.

아버지가 요코하마에서 사신 적이 있다. 당시 아버지는 어쩌다 한 번 우리 집에 오셨다. 그 무렵 아들이 식탁에 앉지 않고 TV를 보면서 밥을 먹곤 했다. 어떻게 한다지? 아들이 식탁에 앉지 않아서 딱히 곤란한 일은 없었다. 당시 초등학생이었는데 말이 많아서 식사 중에 마치 강의를 하듯 떠들어댔다.

"인간은 죽을 때 임사체험이라는 걸 한대. 그때까지 살아온 인생이 주마등처럼 떠올라서 여러 가지 일이 생각나는데 그건 임사체험이 아니라 대뇌 조직의 해마라는 곳에서 말이야……."

이와 같은 이야기를 끊임없이 조잘거렸다. 이야기는 재미있지만 아무튼 식사 중이다. 잠깐 딴전을 피우기라도 하면 금세 아들은 "아빠, 듣고 있는 거야? 내 이야기 안 들었지. 그래서 어떻게 카운슬링을 해?"라며 꼬치꼬치 따지고 들었다. 식사 시간에 아들이 식탁에 앉지 않아야 외려 느긋하게 밥을 먹을 수 있을 정도였다.

아들의 행동은 실질적으로 주위에 폐를 끼치는 행동이 아니다. 물론 예의 바른 행동이라고도 할 수 없다. 실제로 폐를 끼치는 것은 아니지만 적절하다고 말하기 어려운 행동을 아들러 심리학에서는 '중성 행동'이라고 한다.

예를 들어 수업시간에 자는 학생이 있다고 하자. 교사로서는 학생이 수업을 듣지 않으면 기분이 상한다. 학생의 머리를 탁탁 때려서라도 깨우고 싶지만 수업을 듣지 않아 시험에서 좋은 성적을 받지 못하면 학생만 곤란해질 뿐이지 교사나 다른 학생들에게 폐를 끼치는 것은 아니다. 하지만 옆자리에 앉아 있는 학생과 떠든다면 이야기는 달라진다. 교사의 수업을 방해할 뿐 아니라 열심히 공부하는 다른 학생에게도 실질적으로 폐를 끼친다. 꾸벅꾸벅 조는 학생은 가만히 내버려둬도 상관없지만 떠드는 학생은 가만히 내버려두면 안 된다. 수업 시간에 떠들지 말라고, 조용히 하라고 말해야 마땅하다. 그렇다고 직접 마구 꾸짖을 수는 없다.

중성 행동은 본인의 의사를 존중해야 한다. 청하지도 않았는데 개입할 권리는 없다. 자식이 공부하지 않고 빈둥거려도 공부하라고 말할 수 없다. 공부를 하고 안 하고는 자식의 과제이고, 공부를 하지 않아서 성적이 떨어져도 부모가 곤란한 것은 아니므로 중성 행동에는 개입하지 말아야 한다.

기어이 개입하고 싶다면 본래 자식의 과제이니 자식과 부모의 공동 과제로 삼아도 괜찮을지 절차를 밟을 필요가 있다. "요즘 공부도 안 하고 노는 것 같은데 우리 이야기 좀 하자"는 식으로 말이다. 대체로 싫다는 대답이 돌아올 테지만.

한 가지 더 덧붙이자면 전혀 나무랄 데 없는 행동으로 보이는 중성 행동도 있다. 자기 희생적인 행동이 그렇다. 이를 중성 행동이라고 하는 이유는 아무도 그 행동을 말리지는 않지만 다른 사람에게도 똑같이 강요하면 위험해서다. 몸을 던져서라도 폭력범으로부터 아이를 지켜달라는 부탁을 받았어도 막상 그 순간에는 몸이 얼어붙어 허리가 펴지지 않을지도 모른다. 설사 아이를 지키지 못했다 해도 그 자리에 없던 사람이 그 사람을 탓할 수는 없다.

이야기를 되돌리면 아버지가 집에 오셨는데 아들이 식사 때 식탁에 앉지 않으면 "뭐하는 짓이냐? 버르장머리 하고는!" 이라는 말을 들을지도 모른다. 분명 누구에게 민폐가 되는 행동은 아니지만 아버지의 훈계를 듣고 싶지도 않거니와 무책임한 아이로 키울 생각도 없다. 아이와 대등한 관계로 지낸다는 자부심도 있지만 식사 때 아이가 식탁에 앉지 않으면 부모가 욕을 먹게 생겼으니 어떻게 해야 좋을지 난감했다. 나는 아들에게 말했다.

"할아버지가 집에 계실 때는 꼭 식탁에 앉아서 밥을 먹으면 안 될까?"

물론 아들이 싫다고 거절하면 더는 할 말이 없다. 아들은 잠시 생각하고는 알겠다고 동의했다.

아들은 부모가 곤란해 한다는 것을 알고 있다. 이 상황에서 부모의 부탁을 거절하면 부모를 난처하게 만들어 주목받으려는 심산이다.

아버지가 집에 오셨다. 그러자 아들은 마치 매일 그러는 것처럼 얌전히 식탁에 자리 잡고 앉아 밥을 먹었다. 그런데 아버지가 안 계실 때는 도로 TV 앞에 앉았다. 실망했지만 그냥 조용히 지켜봤다. 몇 개월 후에 다시 아버지가 집에 오셨다. 이때 전과 똑같은 말을 하지 않고 잠자코 있었다. 식탁에서 밥을 먹으라고 하면 부모와 자식 간의 신뢰가 무너지기 때문이다.

결과적으로 아버지가 집에 오실 때는 마치 매일 그러는 것처럼 식탁에 얌전히 앉아 밥을 먹었다. 이제는 아버지가 안 계실 때도 같이 둘러앉아 밥을 먹는다. 야단을 쳤다면 바로 식탁에 앉았을지도 모른다. 하지만 억지로 강요해서는 의미가 없다. 혼자서 먹는 것도 좋지만 함께 어울려서 먹는 밥이 맛있고 즐겁다는 것을 배우기 바랐다. 이를 배운 아들은 이제 자발적으로 식탁에 앉아 밥을 먹는다.

아들에게 할아버지와 함께 식사할 때 식탁에 앉으라고 말하는 것은 부모의 사정이다. 바라건대 부모가 하는 말에 선뜻 응하는 부모 자식 관계를 쌓고 싶다.

한 정신과 청소년 병동에서 환자가 밤마다 담배를 피워서 직원들을 몹시 난감하게 했다. 병원은 금연이고 당연히 미성년자는 담배를 피워서는 안 된다. 간호 부장님은 밤마다 입이 닳도록 말했다.

"담배 피우지 마라. 여기는 병원이고 너희는 미성년자잖아."

이런 말을 들었다고 "담배 피우면 안 되는 거였나요? 몰랐어요" 하고 담배를 그만 피울 리는 만무하다. 확신범(어떤 행위가 옳다고 믿기 때문에 법에 어긋난다는 것을 알면서도 범죄를 저지르는 사람)인 셈이다.

어느 날 정신과의 한 의사가 간호 부장님에게 "선생님이 환자들에게 담배 피우지 말라고 말해달라"는 부탁을 받았다. 의사는 못하겠다고 고사했지만 세 번째 설득에 넘어가 어느 날 밤 젊은 환자들에게 부탁했다. 다음 날부터 아무도 담배 피우는 사람이 없었다. 가장 놀란 것은 간호 부장님이었다.

"선생님, 대체 뭐라고 말했나요?"

"그건 비밀입니다."

의사는 간호 부장님에게 그날 밤의 일을 발설하려고 하지 않았다.

"비밀입니다. 알면 화내실 텐데."

"절대로 화 안 낼 테니까 말해봐요."

의사는 마침내 털어놨다.

"간호 부장님 앞에서는 담배를 피우지 말라고 했어요."

의사가 부탁하자 청소년 병동 환자들은 이렇게 말했다고 한다.

"알았어요. 선생님에게도 입장이란 게 있겠죠. 협조할게요."

이런 관계를 쌓고 싶다. 자식과의 관계에서 무엇을 할 수 있을까? 별로 할 수 있는 일은 없지만 관계가 돈독해지면 기꺼이 협력해줄지도 모른다.

언제나 자식 편이 되어주어라. 거듭 말하자면 자식의 과제를 대신 떠맡지 말고 자식이 자신의 과제를 스스로 떠맡도록 하라. 그 위에 부모의 도움이 필요하면 도와주겠노라고 말하면 된다.

지지자가 있다는 것을 알기만 해도 아이는 달라진다

이 질문에서는 딸을 적으로 돌리려는 인상을 조금 받았다. 주변에 아무리 많은 사람이 있어도 부모는 자식 편에 서야 한다. 부모의 마음가짐에 따라 여러 가지 상황이 변한다. 하지만 대부분 부모와 선생님은 아이에게나 학교(세상)에나 모두 좋은 얼굴을 보이려 한다. 그것은 무리다. 아이 편에 선다는 것은 학교(세상)를 적으로 돌리는 일이다. 할아버지, 할머니, 남편도 적이 될 수 있다. 아이 쪽으로 시선을 돌리면 학교(세상)에 등을 돌리지 않을 수 없다.

그런데도 몸뚱이는 학교(세상) 쪽으로 돌린 채 아이 쪽으로는 엉거주춤하게 고개만 돌리고 있어서 힘들 수밖에 없다. 그래서는 아이에게 도움이 되지 않는다. 단호히 세상에 등을 돌릴 각오로 단 한 사람이라도 이 아이의 지지자가 되어줄 결심을 해야 한다. 단 한 사람이라도 지지자가 있다는 것을 알기만 해도 아이는 달라진다. 그런 다음 부모가 조력할 일이 무엇인지 아이와 의논하자.

부모가 단단히 마음을 먹으면 관계는 달라진다. 담배를 인정하기 어렵겠지만 딸도 이유가 있어서 피우는 것이니 한번 이야기를 들어보는 것도 괜찮다. 담배를 왜 피우는지 본인도 모르는 경우가 태반이다.

부모는 네가 담배를 피워서 난처하다고 솔직히 털어놓을 수 있다. 미성년자가 담배를 피우면 안 된다는 것은 누구나 다 아는 사실이다. 그 당연한 이야기를 꺼내면 저항에 부딪힐 게 뻔하다.

사춘기 딸이 있는 엄마가 이런 이야기를 했다. 딸이 담배를 피운다고 해서 무엇이 난처하고 무엇이 싫은가를 곰곰이 생각해봤더니 친구가 집에 놀러 와 딸이 담배 피우는 모습을 보는 것이 싫은 것이었다. 그래서 딸에게 말했다.

"엄마 친구가 집에 올 때는 귀찮더라도 네 방에서 피울래?"

그러자 딸은 그 정도는 해줄 수 있다며 협력했다.

주변 사람이 담배를 피우는 딸을 나무라거나 혼내더라도 그것은 딸의 과제다. 담배 피우는 모습을 들켜버리면 들키기 전으로 되돌릴 수 없다. 딸은 흡연 사실을 부모가 눈치채고 있음을 알고 있을 것이다. 그렇다면 알고 있다는 사실을 숨길 필요가 없다. 가령 아버지나 할아버지, 할머니에게 들키면 심하게 꾸지람을 듣게 될까 걱정된다고 솔직하게 말해도 좋다. 엄마가 걱정할 일은 아니라는 대답이 돌아올 테지만 말이다. 엄마가 도와줄 일이 있느냐고 물으면 순순히 말할수도 있고 말하지 않을지도 모른다. 무슨 말이라도 하면 그중에서 할 수 있는 일을 하면 된다.

형제가 3명이라면 둘째는 형제 중에 가장 주목받기 어렵다. 맏이나 막내는 공부를 잘하는데 하필 둘째가 공부를 못하고 게다가 이 가정은 공부 잘하는 것만을 가치 있다고 생각하기 때문에 부모의 관심을 끌기 위해 문제 행동을 일으키는 것이다. 다른 형제는 공부를 잘하지만 자신은 잘하지 못하고, 다른 형제는 인기가 많은데 자기는 성격이 어중간해서 늘 뒤처져 있다는 열등감을 느끼지 않도록 경쟁을 부추기는 말은 삼가는 것이 중요하다. 담배를 피우는 이유는 본인도 잘 모를 것이다. 공부로는 부모에게 인정받기 힘들므로 담배를 피워서라도 부모를 화나게 하거나 걱정을 끼쳐서 관심을 얻으려는 것이다.

부모는 아이에게 그렇게 하지 않아도 너를 생각하고 있다는 것을 전해야 한다. 아이는 아무 이유도 없이 부모를 힘들게 하지 않는다.

아들러는 애정 부족이라는 말은 하지 않는다. 애정이 과다한 부모와 사랑받고 있어도 더 많은 사랑을 원하는 애정에 굶주린 아이가 있을 뿐이다. 응석받이로 자란 아이는 부모의 주목을 끊임없이 갈구한다. 충분히 애정을 받고 있는데도 주목받고 싶어 한다. 그래서 처음에는 칭찬받으려 애쓰지만 칭찬받지 못하면 금세 부모가 난처할 만한 짓을 한다. 끊임없이 부모의 주목을 갈구하는 아이는 조금이라도 부모의 관심을 받지 못하면 무시당했다고 생각한다. 무시당할 바에야 차라리 야단을 맞아서라도 부모에게 관심을 얻으려 한다. 그러므로 야단을 쳐서는 일시적으로 행동을 그만두게 할 수 있을지 몰라도 더욱더 문제 행동을 일으킨다.

자식이 부모를 곤혹스럽게 할 때 부모가 자식에게 할 수 있는 일은 칭찬받기 위해 특별한 행동을 하지 않아도 된다는 것, 문제 행동을 해서 관심을 끌지 않아도 부모는 인정하고 있다는 사실을 전하고, 가정 안에 자기 자리가 있다고 느끼도록 돕는 것이다.

만일 당신이 아무도 아는 사람이 없는 학교에 입학했다고 상상해보라. 몹시 불안할 것이다. 하지만 며칠이 지나 인사하는 사람이 생기고 차차 친구가 생기면 처음엔 낯설기만 하던 학교가 편안하게 느껴진다. 이처럼 집을 편안한 곳으로 느끼면 아이의 행동은 바뀐다. 어른들의 시각에서 문제 행동으로 보는 짓을 일부러 하지 않아도 된다고 생각하도록 보듬어주라.

그러기 위해서는 적절한 곳에 관심을 돌리는 일부터 시작한다. 여기서 적절하다 함은 특별한 일이 아니다. 자식이 현재 어떤 상황이든 어쨌든 살아 있는 것은 부모에게 기쁜 일이다. "네가 있어서 좋아"라고 말을 붙여본다. 아침에 늦게 일어난 아이에게 대체 지금이 몇 시냐고 닦달하지 말고 살아 있어서 다행이라고 말하기 바란다.

상담을 받으러 온 부모는 자식 때문에 힘든 점을 미주알고주알 말하는데 앞으로의 일은 모른다. 앞으로 인생에서 지금 아이의 상태가 어떠한 의미를 가질지 알 수 없다. 다른 아이들에 비해 뒤처진 듯해도 장기적으로 큰 틀에서 보면 늘 이대로만은 아닐 것이다.

오히려 이른 시기에 인생을 고민하고 좌절하는 것이 커다란 인생 공부가 되지 않을까? 공부를 잘해서 대학에 가고 취직하고 때 되면 결혼하고, 그러다 뒤늦게 어떤 일에 부딪혀 좌절하면 훨씬 힘들다. 형제들처럼 순조롭게 학력사회 속으로 들어가지 못했지만 그것대로 괜찮다고 가족 중 한 사람이라도 생각한다면 자식이 좌절했을 때 도와줄 수 있다. 또 자신은 부모와 다른 형제들처럼 자식을 탓하지 않겠다고 다짐하며 살아가도 괜찮다. 우선 무슨 일이 일어나더라도 괜찮다고 생각하면 된다.

낙관주의로 살고 싶다. 현실을 있는 그대로 본다. 있지도 않은 현실은 보지 않겠다는 말이다. 자식이 처한 현재 상황을 보면 괜찮다고는 도저히 말하지 못할지도 모른다. 비록 괜찮지 않더라도 지금 있는 현실을 직시하고 할 수 있는 일을 하는 것이 낙관주의다.

비슷하나 다른 사이비 낙관주의가 있다. 괜찮아, 어떻게든 되겠지 하다가 결국 아무것도 하지 않는다. 이것만은 피하고 싶다. 그렇다고 아무것도 안 된다는 비관주의자는 되지 말자. 비관주의자는 체념해서 결국 아무것도 하지 않는다. 여기서 우리가 선택할 수 있는 선택지가 어떻게 될지 잘 모르겠지만 적어도 아무것도 되지 않는 것은 아니다. 어쨌든 할 수 있는 일을 하고자 마음먹고 할 수 있는 일을 하는 것이다. 이것이 낙관주의다.

아들러는 세상은 장밋빛이라고 했다. 세상을 비관적인 말로 묘사하지 않고 아이들에게 낙관주의를 가르치는 것이 중요하다고 말했다.

무슨 일이 일어나든 이것은 의미 있는 일이라고 생각한다. 물론 인생에서 무의미한 일은 절대로 일어나지 않는다고 말하기 어렵다. 이를테면 사고나 재난에 휘말려서 터무니없는 죽음을 맞는 일에 의미가 있다고는 생각할 수 없으니까. 그런 것이 아니라면 그 당시는 몰랐을지라도 괴로운 경험이 나중에 의미 있는 일이었다고 깨닫게 될 때가 있다. 그때 대학 입시에 실패해서 외려 다행이었다고 훗날 회상할 일이 인생에서 얼마든지 일어난다.

저절로 다행이라고 생각이 들지는 않을 것이다. 그렇게 생각이 들게끔 노력하는 것이 전제다. 그때 그대로 아무 일 없이 그 일을 계속했더라면 지금 이 일과 이 사람들을 만나지 못했을 것이라고 말이다. 그 만남이 의미가 있게 된 것은 포기하지 않고 진지하게 노력했기 때문이다. 아무것도 하지 않아 좋은 것이 아니고 아무것도 되지 않는 것도 아니다. 어떻게든 되는 것이 아니라 어쨌든 할 수 있는 일을 일단 하다 보면 사태는 반드시 바뀐다.

아버지와 대화하고
싶지 않습니다

○

아버지와 말하고 싶지 않습니다. 되도록 피하고 싶습니다. 가족이라고 꼭 대화해야 하는 겁니까?

걱정하는 쪽이 먼저 노력해야 한다

꼭 대화를 해야 한다고는 생각하지 않는다. 나는 '말하고 싶다'고 생각했다. 일정한 시기까지 아버지를 쭉 피하고 있었기 때문이다. 그 시기가 20년 정도 계속 이어졌다. 어느 날 아버지와 말하고 싶은 생각이 불현듯 들었다. 부모는 나이 들게 마련이다. 젊은 아버지의 이미지밖에 없었는데 문득 보니 너무나 늙어 계셨다. 백발이 성성하고 예전보다 몸집이 자그마해졌으며 패기도 온데간데없어졌다. 예전에는 무서웠다. 꼬장꼬장하고 강단 있는 사람이었는데 기운이 없고 약해 보였다. 아버지가 할아버지라고 생각되자 아버지에 대한 느낌이 사뭇 달라졌다. 앞으로 얼마 안 남았다는 생각마저 들었다. 지금은 이렇게 만나지만 어쩌면 이것이 마지막이 될지도 모른다고 생각했다.

나는 부모와 대화다운 대화를 나눈 적이 없어서 후회한 경험이 있다. 어머니와의 관계로 말이다. 어머니는 뇌경색으로 돌아가셨다. 뇌경색이라는 병에 대해 아는 바가 하나도 없었다. 흔히 나이 많은 노인이 걸리는 병이라고 생각했다. 49살의 어머니가 뇌경색에 걸렸지만 병에 관한 지식이 전혀 없었다.

뇌경색의 예후는 비교적 괜찮았다. 입원한 다음 날부터 재활을 시작해 회복이 빨라서 금방 나을 수 있겠다고 낙관했다. 그런데 한 달이 지나 화장실에서 쓰러지고 나서는 병세가 급격히 나빠졌다. 처음에 구급차로 실려 들어간 병원에서는 제대로 된 치료를 할 수가 없어서 뇌신경외과가 있는 큰 병원으로 옮겨갔다. 의식 상태는 나날이 나빠졌고 급기야 의식이 없어졌다. 의식이 없어진 지 두 달 만에 돌아가셨다.

그동안 나는 밤 12시부터 다음 날 저녁 6시까지 꼬박 하루 18시간을 병상에 붙어 있었다. 이런 생활을 두 달가량 계속했더니 한계가 왔다. 이렇게 생활하다가는 내 몸이 견디지 못할 것 같다고 생각했다. 그렇게 생각한 지 얼마 안 되어 어머니가 돌아가셨다. 그때 그런 생각을 하지 않았더라면 좀 더 오래 사시지 않았을까 무척 후회했다.

어머니가 아직 의식이 있을 때의 일이다. 어머니는 남의 생각은 안중에도 없고 막무가내였다. 지금 당장 아이스크림을 사오라고 떼를 썼다. 요즘 들어 생각해보면 그때만 해도 아직 괜찮았던 것이다. 대학원을 휴학하고 병원에서 간병하는데 난데없이 이거 사와라 저거 하라 하는 것은 너무하다며 화를 냈다. 그 후 어머니가 의식이 없어지고 두 달 동안 누워만 지내게 되자 후회가 몰려들었다. 그나마 어머니가 기운 있고 의식이 또렷했을 때 좀 더 해줄 수 있는 일이 있었을 텐데 하는 아쉬움이 못내 들었다. 결국 처음에 쓰러지고 나서 석 달 정도 간호하느라 병원에서 생활했던 셈이다.

임종 날에는 어머니 친구가 "힘들 텐데 오늘은 내가 옆에 있을 테니 휴게실에 가서 좀 쉬라"며 대신 간병해주겠노라고 했다. 보호자 휴게실에 가서 잠깐 쉬고 있는데 잠시 후에 전화가 걸려왔다. 환자 상태가 갑자기 위급해졌다며 빨리 오라는 다급한 전화였다. 한달음에 달려갔지만 이미 어머니는 돌아가신 다음이었다. 그토록 오랜 시간을 어머니 곁에 있었는데 임종 때는 곁을 지키지 못했다. 이 일을 아버지나 여동생에게 말하지 못했다. 사실을 말하면 아버지에게 혼날 것 같았다. 아버지를 신뢰하지 못했기 때문이다. 아버지도 임종을 지키지 못했으니 내가 자리를 지키지 못한 것을 애석하게 생각할 테지만 병원에 있으면서 뭐 했느냐고 나무라지는 않았을 것이다. 꾸지람을 들으리라고 생각한 것은 그 무렵 아버지와 나의 관계를 여실히 보여준다.

비록 아버지와 티격태격할지도 모르지만 어쩌면 이것이 마지막일지도 모른다고 생각하니 이야기할 수 있을 때 대화를 나누고 싶어졌다. 어머니 때처럼 후회하고 싶지 않았다.

아버지는 협심증을 앓고 있다. 나중에 스텐트라는 관을 넣는 수술을 받았다. 부분 마취로 하는 수술이라 며칠 만에 퇴원할 수 있는 비교적 간단한 수술이다.

그런데 한밤중에 병원에서 아버지의 병세가 위독해졌다고 연락이 왔다. 새벽에 도착해서 그날은 밤 11시까지 곁을 지켰다. 그때 아버지는 내내 불안해하며 쉼 없이 이야기를 했다. 평소 아버지와 단둘이 있으면 언제나 긴장하곤 했지만 그때는 병원이라는 장소 때문인지 아버지와 길게 이야기를 나누었다. 아버지와의 관계, 아버지에 대한 생각이 달라졌음을 깨달았다.

지금까지 관계가 어떻든 관계를 바꾸는 것은 불가능하지 않다. 다만 부모 자식 관계든 부부관계든 어떤 관계라도 관계를 바꾸려고 결심한 사람이 먼저 변하려는 노력이 필요하다. 관계는 둘이서 쌓는 것이므로 한쪽이 변하면 상대도 바뀔 수밖에 없다.

이런 결심을 지금 당장은 하지 못하더라도 이 사람과 일절 관계를 맺지 않겠다고 속단하지 말고 나중에 관계가 변하더라도 놀라지 않겠다는 마음의 준비를 해두자.

어느 것 하나 어렵지 않은 대인관계는 없지만 낳아준 부모와의 관계가 제일 마지막까지 남는다. 대개 자식 문제로 상담을 청하는데 자식과의 관계는 비교적 쉽다. 현재 자식 문제로 골머리를 앓는 부모는 말도 안 되는 소리라고 펄쩍 뛰겠지만 말이다. 줄곧 자식 일이 문제라고 생각하다가 정작 문제는 부부관계였음을 새삼 알아차리는 것이 제2단계다. 부부는 관계가 원만하지 않으면 헤어지는 방법이 있다. 물론 처음부터 권할 생각은 없다.

하지만 부모 자식 관계는 끊을 수 없다. 자식이 더는 부모가 필요 없다고 말할지라도 부모와 자식이라는 사실은 사라지지 않는다. 자신을 낳아준 부모와의 관계는 끝까지 남는다. 만일 이 관계가 회복되지 않은 상태라면 아직도 과제를 떠안고 있다는 말이다. 설령 회복해야 하는 관계가 아니더라도 부모가 자식에게 또 자식이 부모에게 자립할 수 없는 경우도 있다.

30대일 때는 잘 몰랐지만 친구가 이런 말을 했던 기억이 있다. 미국에서 공부하고 있을 당시 갑자기 아버지가 사무칠 정도로 생각나서 바로 아버지에게 전화를 걸어 화해하고 관계를 예전처럼 되돌렸다고 한다.

이 이야기를 들을 때 어머니는 이미 돌아가셨고 아버지와의 관계가 내 앞을 턱 하니 가로막고 있었다. 나에게는 아버지와의 관계가 남았지만 어머니와의 관계, 또는 아버지와 어머니 두 분과의 관계를 해결하지 못하고 남겨놓은 사람도 있을 것이다. 부모와 자식이 관계를 회복하고 자립하기 위해서는 앞에서도 언급했듯이 역할 분담의 가면을 벗어던져야 한다. 내 부모라는 생각에 이제까지 겪은 수많은 일을 잊을 수 없어서 화를 내는 경우가 있다. 역할을 뛰어 넘고 이해관계를 떠나서 부모 자식 관계로 상대할 수 있을지가 문제다.

부모가 나에게
무관심합니다

○

엄마는 나에게 관심이 없고 집에 가도 학교나 아르바이트 일에 대해 전혀 물어보지 않아요. 대신 나에게 엄마 직장에서 일어나는 고민을 이야기합니다. 나는 엄마의 이야기를 들어줍니다. 내 이야기도 들어줬으면 좋겠는데 전혀 들어주지 않아요. 어떻게 하면 좋을까요?

부모에게 기대하지 마라

언젠가 부모 품에서 벗어날 테니 부모에게 기대하지 마라.

나는 아버지가 나에게 관심을 가지고 학교생활을 물었는지 어 땠는지 지금 돌이켜봐도 잘 생각이 나지 않는다. 줄곧 아버지 가 나에게 별로 관심이 없는 줄 알았다. 대학 입시가 가까워졌 을 때 내가 철학을 전공하려 함을 어머니에게 들으셨을 것이 다. 내게는 직접 말하지 않고 어머니에게 철학 전공을 하지 못 하게 했다고 그 또한 아버지가 아닌 어머니에게 전해 들었다. 나는 아버지가 철학이 어떤 학문인지 아무것도 모르면서 반대 한다며 복잡한 마음으로 받아들였다. 그래도 아버지가 나에게 전혀 관심이 없는 것은 아니었다는 사실을 안 것은 의미 있는 일이었다.

나중에는 취직하지 않는다고 만날 때마다 나를 비난하셨지 만 그런 아버지가 내가 쓴 책을 읽었다는 것을 알았을 때 무척 놀랐다. 아버지가 내가 쓴 책을 읽고 얼마나 이해했는지는 잘 모르겠다. 내가 아버지라면 자식이 쓴 책을 읽으면서 자식이 현재 어떤 것에 관심이 있는지 관심을 가졌을 것이다.

누군가 자신에게 무관심하면 괴롭다. 부모가 자신에게 관 심을 가져주기 바라면 그것을 전하는 길밖에 없다. 아무 말도 하지 않고 가만히 있으면 전해지지 않는다. 말한다고 부모의 태도가 바뀌리란 보장은 없지만 나에게 관심을 가져달라고, 내 이야기를 들어달라고 전해야 한다.

　부모는 자식이 그런 생각을 하는 줄 모르고 있을 것이다. 형제가 있다면 부모가 다른 자식에게만 관심을 가질 수도 있다. 말투부터 자식을 대하는 태도에 차이가 나는 경우를 자주 본다. 그러면서도 부모는 그것을 눈치채지 못한다.

　나에게 좀 관심을 가져달라고 부탁했다가 부모가 지금까지와 다른 태도로 이제는 앞의 '통금 시간'의 사례처럼 과잉보호하면서 너무 많은 간섭을 하면 곤란해진다. 먼저 자식이 다가가는 수밖에 없다.

　말하면 오해받을 수 있다는 생각에 잠자코 있는 사람이 있다. 어쩌면 감정적이고 공격적이 될 바에는 잠자코 있는 편이 바람직한 경우도 있다. 하지만 긴 안목으로 보면 대인관계를 망치게 된다. 잠자코 있는 사람은 무슨 생각을 하는지 몰라서 다른 사람이 호감을 느끼지 못하기 때문이다. 또한 잠자코 있는 사람은 자신이 어떻게 하고 싶은지 말하지 않아 사태가 바람직하지 않은 방향으로 흘러가도 멈출 수 없다. 나중에 아무리 불평을 토로해도 너무 늦다.

　인간이 텔레파시의 힘을 가지고 있다면 상대가 무엇을 느끼고 생각하는지 가만히 있어도 통할 테지만 현실에서는 절대

통하지 않는다. 그런데도 자신이 가만히 있어도 다른 사람이 자신이 무엇을 생각하고 느끼지 알아주는 것이 당연하다고 생각하는 사람이 있다. 이런 사람은 잠자코 있어도 타인의 생각을 알아야 하므로 남의 마음을 헤아리거나 배려하는 마음이 중요하다고 생각하지만, 똑같은 것을 다른 사람에게도 요구해서 골치 아프다. 스스로는 아무 말도 하지 않으면서 내가 얼마나 힘든 줄 아느냐, 얼마나 상처받았는지 아느냐며 남을 탓한다.

남의 마음을 헤아리거나 배려를 중시하는 관계는 대등하지 않다. 상대가 스스로는 아무 말도 할 수 없다는 것을 전제로 하기 때문이다. 타인은 주장하고 싶은 일이 있으면 말할 수 있다. 그런데 그렇게 할 수 없다고 간주해버리면 불쾌하다고 말해야 한다.

다른 사람이 어떻게 느끼고 무엇을 생각하는지 알고자 노력해야 하고 남에게 상처 주는 말을 하지 않도록 애써야 한다. 하지만 자기도 모르게 남에게 상처 주는 경우가 있다. 그때는 가만히 있지 말고 자신의 마음을 전해야 상대도 알 수 있다. 또한 상대에게 알리지 않은 채 상대를 단죄하는 것은 그다지 현명한 방법이 아니다.

만일 엄마에게 자기 생각을 전하지 않았다면 내 이야기도 좀 들어달라고, 나에게 관심을 가져달라고 전하기 바란다.

지금까지 몇 번이나 전했는데도 부모가 태도를 바꾸지 않았다면 전달하는 방법을 개선해야 한다. 부모에게 아무리 잘못이 있다고 해도 반항적이면 생각을 전할 수 없다. 설령 부모에게 생각이 전해졌다 해도 권력 싸움이 돼버리면 절대로 부모는 자신의 잘못을 인정하지 않을 것이다. 인정하면 지는 것이기 때문이다.

이렇게 자신이 옳다는 것을 상대가 인정하게끔 겨냥하는 말을 하지 말자. 고민자가 엄마가 이야기를 들어주기를 바라는 만큼 엄마도 마찬가지일 것이다. 자신의 권리를 인정받고 싶으면 상대의 권리도 인정해줘야 한다.

이야기를 들어주기 바란다면 약간 머리를 써야 한다. "피곤하겠지만 내 이야기 좀 들어줘"라는 식으로 말이다. 상대가 거절할 수 있는 여지를 남기고 가정이나 의문문을 사용해서 말을 건다. 거절하면 그럼 다음에 하자고 물러나는 것이 좋다.

그렇다면 "엄마는 나에게 관심이 없다"는 질문자의 생각을 사실일까? 자식에게 흥미나 관심이 없는 부모는 자식에게 말조차 걸지 않을 것이다. 부모가 자기 이야기만 해서 속상하겠지만 카운슬러는 언제나 내담자의 이야기를 듣기만 한다. 내담자는 아무나 상관없으니 그저 자신의 말을 들어달라고 이야기하는 것이 아니다. 마지막까지 비난하지 않고 찬찬히 이야기를 들어주면 자신이 신뢰받고 있다고 느껴서 이야기를 풀어놓는 것이다.

다른 사람의 인정을 받기 위해 살지 마라

우리에게 필요한 것은 용기다. 자식 입장에서 부모를 대할 때 몇 살이 되었든 자식이 변할 수밖에 없다. '착한 자식'일 필요는 없다. 부모의 기대에 부응하지 못해도 괜찮다. 기쁠 때나 슬플 때나 자식에게 부모는 커다란 존재다. 부모에게 독립해서 자유로이 살아가기 바란다. 부모가 어떻게 생각하든 자식은 자기 인생을 살아야 한다.

나는 아버지라는 커다란 존재를 앞에 두고 언제까지나 자신을 정직하게 드러내지 못했다. 어머니의 병상을 곁에서 오래 지켰지만 어머니의 임종을 지키지 못했다. 나중에 아버지가 말했다. 내가 어머니의 뒤를 따라 죽는 것은 아닌가 생각했다고. 그때 나는 그 정도로 야위고 초췌했다.

그때 내가 만일 아버지에게 "너무 힘들어서 입원하고 싶어요" 혹은 "장례식에 안 갈래요. 혼자 있게 해주세요"라고 말했더라면 분명히 승낙했을 것이다. 그런데 어머니가 돌아가셔도 잘 버티고 있는 모습을 모두에게 보여야 한다고 생각했다. 그래서 장례식에 참석했다. 진짜 슬펐는데도 눈물을 전혀 흘리지 않았다. 사람들 앞에서 나약한 모습을 보이면 안 된다고 생각했다. 남에게 어떻게 보일까만 신경 쓰며 있는 그대로의 진짜 자신을 받아들이지 못했다. 장점은 물론이고 나약한 자기 자신도 받아들여야 있는 그대로의 자신을 받아들이는 것이 된다.

10년 정도 지난 어느 날 꿈을 꿨다. 꿈속에서 잠이 깼다. 일어났는데 집안이 어두컴컴해서 벌써 새벽인가, 저녁인가 하고 뒤척이는데 잠시 옆방에서 소리가 들려왔다. 아버지의 목소리였다. 그랬다. 그날은 어머니 장례식이었다. 아버지가 있는 방에 가자 아버지가 "어, 일어났니?" 하며 물었다. 꿈속에서 어머니의 장례식은 벌써 끝나 있었다. 나 없이 말이다. 아버지가 나에게 말했다.

"이제 곧 화장이 끝날 거다. 유골 좀 찾아올래?"

나는 그 정도의 일이라면 할 수 있다고 생각해서 대답했다.

"알았어요. 갈게요."

대략 이런 꿈이었는데, 나에게 소중하고 의미 있었다. 꿈속에서 나는 어머니 장례식에 참석하지 않았다. 현실과는 달리 아버지에게 장례식에 가지 않겠다고 솔직하게 말한 것이다. 그제야 겨우 나는 장례식에 가고 싶지 않다고, 가지 않겠다고 말하고 싶었던 자신을 인정할 수 있었다. 이 꿈이 내가 부모에게 자립할 수 있는 계기가 되었다. 10년이나 걸렸다. 자주 꾸던 어머니의 꿈도 더는 꾸지 않게 되었다.

지금 여기에서
할 수 있는 일부터 시작하자

이 책의 기획 이야기가 나왔을 때 내가 맨 처음으로 떠올린 것은 정신과 의사 요리후지 가즈히로의 《정본 요리후지 가즈히로의 인생응원단》(산케이신문 뉴스 서비스)이었다. 신문에서 오랫동안 인생 상담을 하며 연재한 글을 엮어 만든 책이다. 가식 없이 말하면서도 유머가 넘치는 답변이 무척 흥미롭다. 언젠가 나도 아무리 어려운 문제라도 적확하게 답변할 수 있도록 깊이 연구하고 다양한 인생 경험을 쌓아야겠다고 생각했다.

이번에 그 책을 다시 읽고 새삼 놀랐다. 요리후지 씨가 암으로 53세에 돌아가셨는데 나는 이미 그 나이를 넘어선 것이다.

예전에 카운슬링을 했던 사람 중에 뮤지션이자 배우인 후쿠야마 마사하루를 닮은 젊은이가 있었다. 어느 날 카운슬링을 하는데 처음에는 친밀한 관계를 유지하던 남녀가 어떤 식으로 파탄에 이르는지 매우 세부적인 부분까지 이야기를 나누었다. 이야기가 잠시 끊겼을 때 그가 뜬금없이 혼잣말하듯 중얼거렸다.

"선생님도 꽤나 아수라장 같은 삶 속에서 빠져나오셨네요."

그때 느닷없이 뒤통수를 맞는 느낌이었다. 10여 년이 지난 지금이라면 "얼굴에 쓰여 있습니까?"라고 응수했을 것이다. 물론 이것은 농담이고 요전에는 죽음의 기로에서 다시 살아난 것 같은 경험도 했다. 파란만장한 인생을 보낸 듯도 하지만 경험이 있어야 카운슬링을 할 수 있다고 한다면 나는 전혀 말할 자격이 없다.

육아를 주제로 연구한 논문을 보면 아이와 함께 몇 년 정도 부대끼며 살아야 비로소 보이는 것이 있다고 한다. 육아 경험이 있으면 처음에는 시행착오를 겪을지라도 몇 년 후에는 육아의 달인이 되어 언제나 아이와 좋은 관계를 맺을 수 있다. 하지만 꼭 그렇지만은 않다. 그렇다면 육아 때문에 힘들어하는 사람이 있겠는가? 또한 사람이 나이를 먹고 경험이 쌓인다고 누구나 지혜롭게 된다면 나이 드신 부모님 때문에 자식이 힘들어할 일은 없을 것이다. 그저 경험하기만 해서는 배울 수 없을뿐더러 기초가 탄탄하지 못한 지식은 도움이 되지 않는다.

아들러는 경험이 없는 치료자가 "당신은 공동체 감각이 없다"든가 "당신에게는 열등감이 있다"는 말로 환자에게 강의하는 것은 해롭다고 했다. 각각의 사례는 모두 다르므로 획일적인 해석을 경계하지만, 내담자는 치료자의 말 한마디로 모든 문제가 해결되는 것처럼 생각하기도 한다.

아들러의 충고를 염두에 두고 나는 이 책에서 대부분의 인생 상담이 그렇듯 읽어도 결국 어떻게 해야 좋을지 모르는 것이 아니라 살아갈 지침을 명쾌하게 전하고자 노력했다. 닥치는 대로 문제를 해결하려 하면 더욱더 뒤얽히게 된다. 이 지침에 따르면 시간은 걸리더라도 종국에 가서는 문제를 해결할 수 있다.

그 지침이란 "지금 여기에(right here and right now) 살자. 해야

할 일과 하고 싶은 일이 있더라도 할 수 있는 일부터 시작하자"는 단순한 메시지다.

이 책을 읽고 아들러 심리학에 관심이 생겨 이론을 제대로 알고 싶다면 졸저인 《미움받을 용기》(인플루엔셜), 《아들러 심리학을 읽는 밤》(살림출판사), 《버텨내는 용기》(엑스오북스)도 읽기 바란다.

끝으로 벌써 세 권이나 편집을 맡아준 데라구치 마사히코 씨에게 다시금 감사의 말을 전한다.

기시미 이치로

왜 모두에게 인정받으려 하는가?

아들러에게 인간관계를 묻다

초판 1쇄 발행 2015년 3월 15일
초판 3쇄 발행 2015년 7월 13일

지은이 기시미 이치로
옮긴이 유미진

펴낸이 민혜영
펴낸곳 카시오페아
주소 서울시 마포구 월드컵북로 400 문화콘텐츠센터 5층 출판창업보육센터 8호
전화 070-4233-6533
팩스 070-4156-6533
홈페이지 www.cassiopeiabook.com
전자우편 cassiopeiabook@gmail.com
출판등록 2012년 12월 27일 제385-2012-000069호
디자인 김진디자인

© 2010 KISHMI Ichiro

ISBN 979-11-85952-11-6 (03190)

이 도서의 국립중앙도서관 출판시도서목록(CIP)은 서지정보유통지원시스템 홈페이지(http://seoji.nl.go.kr)와 국가자료공동목록시스템(http://www.nl.go.kr/kolisnet)에서 이용하실 수 있습니다.
(CIP제어번호 : CIP2015006088)